U1075607

2016

江阴统计年鉴

JIANGYIN STATISTICAL YEARBOOK

江阴市统计局　编

（总第13期）

中国统计出版社
China Statistics Press

©中国统计出版社 2016
版权所有。未经许可，本书的任何部分不得以任何方式在世界任何地区以任何文字翻印、拷贝、仿制或转载。

©2016 China Statistics Press
All rights reserved. No part of the publication may be reproduced or transmitted in any form or by any means, electronic or mechanical, including photocopying, recording, or any information storage and retrieval system, without written permission from the publisher.

图书在版编目（CIP）数据
江阴统计年鉴. 2016 / 江阴市统计局编. -- 北京：中国统计出版社, 2016.7
ISBN 978-7-5037-7836-0

Ⅰ. ①江… Ⅱ. ①江… Ⅲ. ①统计资料 – 江阴市 – 2016 – 年鉴
Ⅳ. ①C832.533-54

中国版本图书馆CIP数据核字(2016)第159648号

江阴统计年鉴-2016

作　　者 / 江阴市统计局
责任编辑 / 陈越月
装帧设计 / 张　帆
出版发行 / 中国统计出版社
地　　址 / 北京市丰台区西三环南路甲6号　邮政编码 / 100073
电　　话 / 邮购（010）63376909　书店（010）68783171
网　　址 / http://csp.stats.gov.cn
印　　刷 / 1-600 册
经　　销 / 新华书店
开　　本 / 890mm × 1240mm　1/16
字　　数 / 489 千字
印　　张 / 19
版　　别 / 2016年8月第1版
版　　次 / 2016年8月第1次印刷
定　　价 / 150.00元

如有印装差错，由本社发行部调换。

主　　编　陈　泓
执行主编　季克军
副 主 编　江兆成　倪秋萍
执行编辑　张　帆　金海峰
编辑人员　王　军　王　婷　方　玮
刘　潇　江承鑫　李学婧
何　敏　沈　捷　陆　俭
罗意秋　金　淼　周　晓
周雪峰　庞　瑱　查燕维
姜倬雅　夏　蒙　顾晶晶
郭铭辉　黄云婷　黄玉虎
黄黛薇　龚学东　程　旦
谢红伟　谭鹏成　薛宇锋

编辑说明

一、《江阴统计年鉴—2016》通过大量统计数据，客观地反映了江阴市2015年经济社会发展状况，是各界人士了解江阴、研究江阴、宣传江阴的资料书。

二、本书以出版年份为统计年鉴年号。

三、本书所收录的数据信息，大部分来源于统计年报资料，部分数据系政府有关部门提供，还有一些通过抽样调查取得。本书在内容编排、指标口径等方面，基本上与前几年保持了连续性。对有些历史数据，我们已按目前口径调整，敬请在引用时注意。

四、本书所使用的度量衡单位均采用国际统一标准计量单位。

五、本书表中“…”表示数据不足本表最小单位数；“空格”或“—”表示该项统计指标数据不详或无该项数据；“#”表示其中项。

六、本书编辑过程中，得到了许多单位的关心和支持，在此深表谢意。由于资料涉及面较宽，编辑时间又较紧，书中可能会有一些差错，祈望批评和指正。

目 录

第一篇 特载篇

第二篇 综合篇

第三篇 农业篇

第四篇　工 业 篇

第五篇　固定资产投资篇

第六篇　交通运输邮电水电篇

第七篇　批零住餐和规上服务业篇

第八篇　财政金融保险篇

第九篇　科技文教卫生体育篇

第十篇　城建环保篇

第十一篇　外经旅游篇

第十二篇　劳动工资篇

第十三篇 城乡一体化住户篇

第十四篇 沿江开发篇

第十五篇 排 行 篇

第十六篇　基 层 篇

第十七篇　统计信息交流篇

第十八篇　附 录 篇

第一篇

特载篇

2015年江阴市国民经济和社会发展统计公报

江阴市统计局

2015年，在市委、市政府的正确领导下，全市上下面对复杂严峻的宏观形势，全面贯彻党的十八大和十八届三中、四中、五中全会精神以及习近平总书记系列重要讲话特别是视察江苏重要讲话精神，牢牢把握稳中求进总基调，积极适应经济发展新常态，统筹稳增长、促改革、调结构、惠民生、防风险等各项工作，全市经济社会保持稳中有进的良好态势。

一、综　合

国民经济平稳运行。全市实现地区生产总值2880.9亿元，按可比价格计算，比上年同期（下同）增长7.4%[注1]。按常住人口计算人均生产总值达到17.6万元，按现行汇率折算达到2.8万美元。其中，第二产业增加值1584.4亿元，增长7.0%；第三产业增加值1250.2亿元，增长8.0%。三次产业比例调整为1.6∶55.0∶43.4，三产增加值占GDP比重比上年提高0.6个百分点。

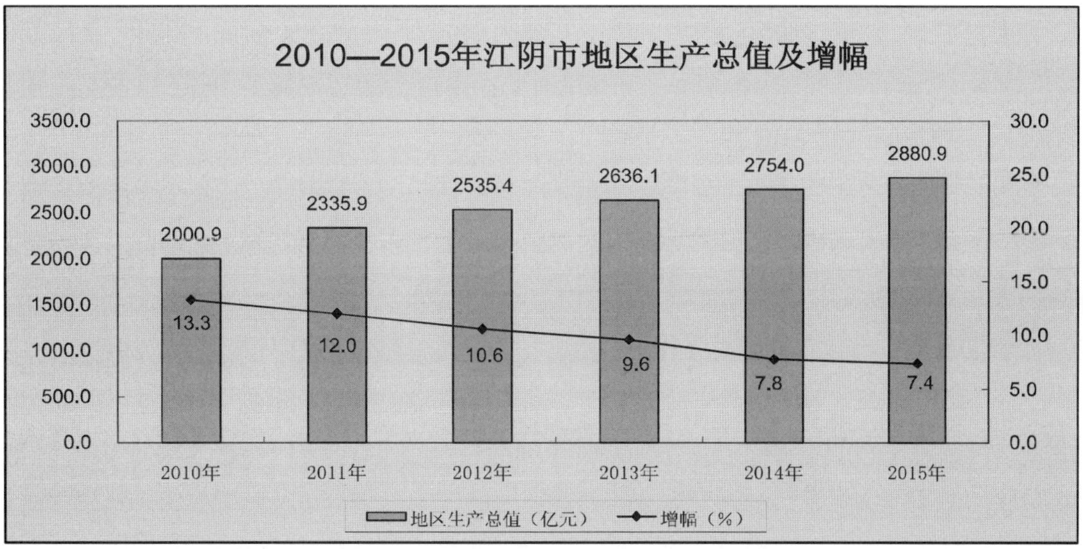

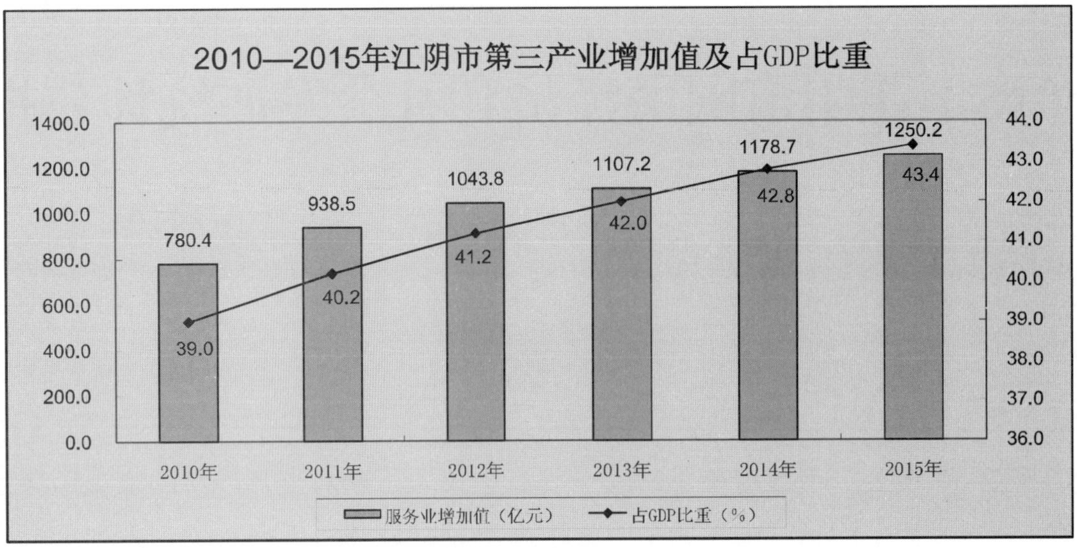

就业创业同步推进。全年提供就业岗位5.8万个，本地劳动力实现就业4.3万人，城镇新增就业2.4万人，城镇困难人员再就业1684人，全市城镇登记失业率为2.37%，农村调查失业率为2.83%，江阴籍返澄高校毕业生就业率达92.8%，困难家庭高校毕业生就业率达100%。全年共扶持自主创业2315人，带动就业13278人，发放各类创业补贴436.2万元，发放小额担保贷款3940万元。

市场主体不断壮大。年末全市工商登记各类企业41491户，其中，国有及集体控股公司638户；外商投资企业1222户；私营企业37707户，当年新登记各类企业6190户。年末个体户74637户，当年新增14215户。

二、农　业

农业生产有所下降。全年粮食总产量17.6万吨，下降10.8%；油料总产量2795吨，下降2.8%，其中油菜籽总产量1945吨，下降4.0%；茶叶总产量5吨，下降54.5%；水果总产量7.4万吨，下降6.9%。

种植业结构继续调整。全年粮食种植面积25.2千公顷，比上年减少2.6千公顷；油料种植面积1.1千公顷，减少0.1千公顷；蔬菜种植面积14.7千公顷，增加0.1千公顷；水果种植面积3.2千公顷，减少0.3千公顷。

畜禽渔业生产趋缓。主要畜产品中，肉类总产量4.0万吨，下降4.1%，其中猪牛羊肉2.7万吨，下降1.4%；禽蛋总产量0.9万吨，下降11.2%。奶牛存栏0.5万头，下降3.6%。全年水产品产量2.7万吨，增长0.4%。

三、工业和建筑业

工业生产难中求进。全市全年工业用电量208.5亿千瓦时，下降1.7%。完成工业总产值6527.6亿元，增长0.1%；其中规模以上工业企业实现产值5772.4亿元，增长1.4%。规模以上工业中，轻工业实现产值1830.2亿元，增长3.0%；重工业实现产值3942.2亿元，增长0.7%。在全市跟踪统计的15种重点产品中，有10种产品的产量实现增长。

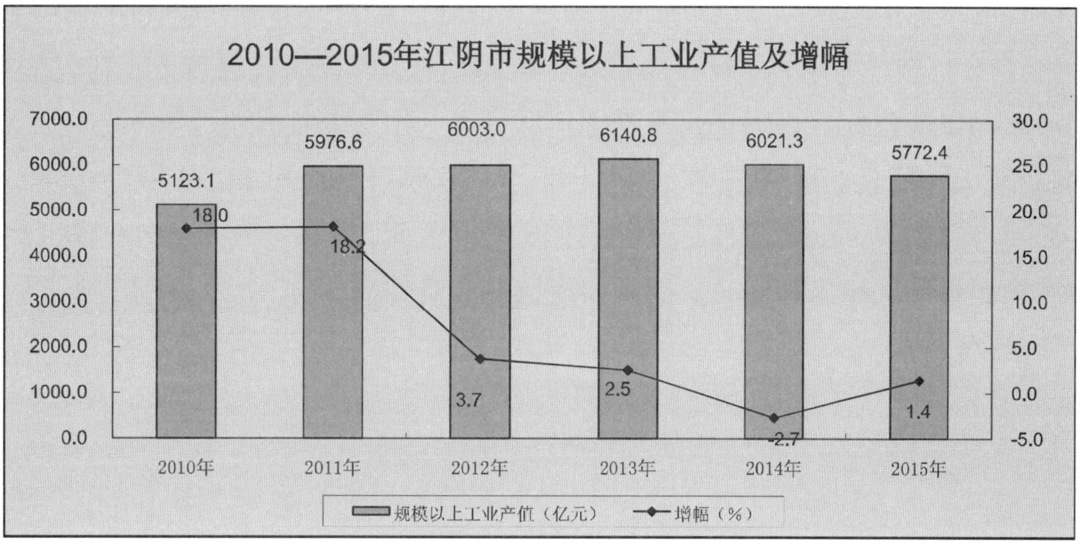

2015年主要工业产品产量及其增长速度

指标名称	计量单位	2015年	±%
纱	吨	506706	-0.1
布	万米	62979	持平
服装	万件	38315	2.2
机制纸及纸板	吨	143782	-47.3
初级形态的塑料	吨	1187907	30.3
合成纤维聚合物	吨	3909058	34.9
化学纤维	吨	3164045	9.6
生铁	吨	7286551	5.2
粗钢	吨	12331576	1.4
钢材	吨	17032129	-1.1
民用钢质船舶	载重吨	4670380	43.2
半导体分立器件	万只	7466525	2.2
集成电路	万块	2120817	12.2
印制电路板	平方米	5309010	0.6
发电量	万千瓦小时	2704196	-9.6

经济效益略有回落。全市规模以上工业实现主营业务收入5517.8亿元，下降0.1%；产品销售率97.2%，下降0.1个百分点；实现利税510.7亿元，下降2.8%；利润351.1亿元，下降0.5%；规模以上工业企业亏损面18.3%，比上年增加4.2个百分点，亏损额20.3亿元，比上年增加4.5亿元。

骨干企业支撑明显。全市百强企业中，三房巷集团、海澜集团、阳光集团、华西集团、新长江实业、兴澄特钢等6家企业集团主营业务收入超200亿元，法尔胜集团、双良集团、远景能源、澄星实业、华宏实业等5家企业集团主营业务收入超100亿元，12家企业超50亿元， 12家企业超20亿元，14家企业超10亿元。55家工业百强企业利税总额超亿元，其中超10亿元12家。百强企业贡献继续增大。全市工业百强企业全年完成产品销售收入3886.6亿元，实现利税410.1亿元，分别占全市规模以上工业总量的70.4%和80.3%。

建筑业有所萎缩。全年建筑业实现总产值109.2亿元，下降11.1%。共获鲁班奖1个，无锡市“太湖杯”优质工程奖11个，无锡市建筑装饰优质工程3个，2家企业获得无锡市优秀装饰企业称号。

四、固定资产投资

社会投资平稳增长。全年固定资产投资完成1128.6亿元，增长7.9%。分产业投向看：第一产业投资6.7亿元，下降37.8%，第二产业投资514.6亿元，增长7.5%，第三产业投资607.3亿元，增长9.1%。分注册类型看：国有经济投资210.2亿元，增长68.6%，三资经济投资119.2亿元，增长4.2%，其他经济投资799.2亿元，下降1.0%。全年固定资产投资建成投产项目683个，项目建成投产率为89.0%；新增固定资产595.2亿元，固定资产交付使用率为83.2%。

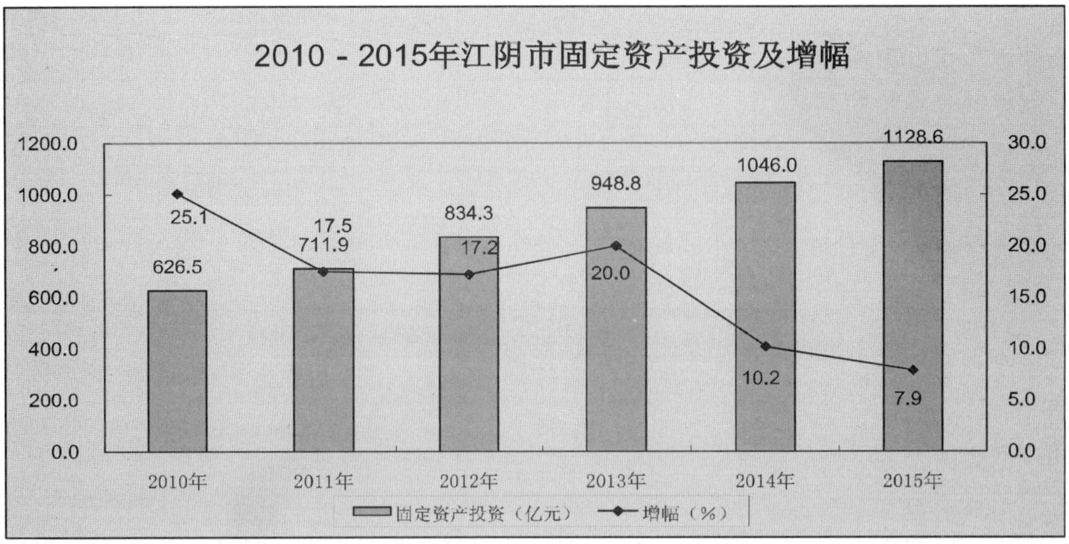

房地产市场有所回暖。全年完成房地产开发投资260.4亿元，下降20.8%；商品房施工面积1727.3万平方米，增长3.2%，房屋新开工面积310.6万平方米，下降42.9%；房屋建筑竣工面积346.0万平方米，增长105.6%。商品房销售面积211.5万平方米，增长11.1%，其中商品房现房销售面积68.7万平方米，增长18.0%，住宅52.5万平方米，增长5.8%；商品房期房销售面积142.8万平方米，增长8.0%，住宅125.0万平方米，增长8.9%。商品房销售成交总额149.2亿元，增长18.2%；其中住宅销售额119.6亿元，增长18.1%。

五、国内贸易

消费品市场保持稳定。全年实现社会消费品零售总额705.2亿元，增长9.7%。其中，城镇零售额512.3亿元，增长10.1%；乡村零售额192.9亿元，增长8.6%；批发和零售业零售额664.9亿元，增长9.6%；住宿和餐饮业零售额40.3亿元，增长11.3%。在限额以上批发和零售业零售额中，书报杂志类增长47.2%，五金电器类增长24.9%，建筑及装潢材料类增长20.5%，粮油及食品类增长16.3%。

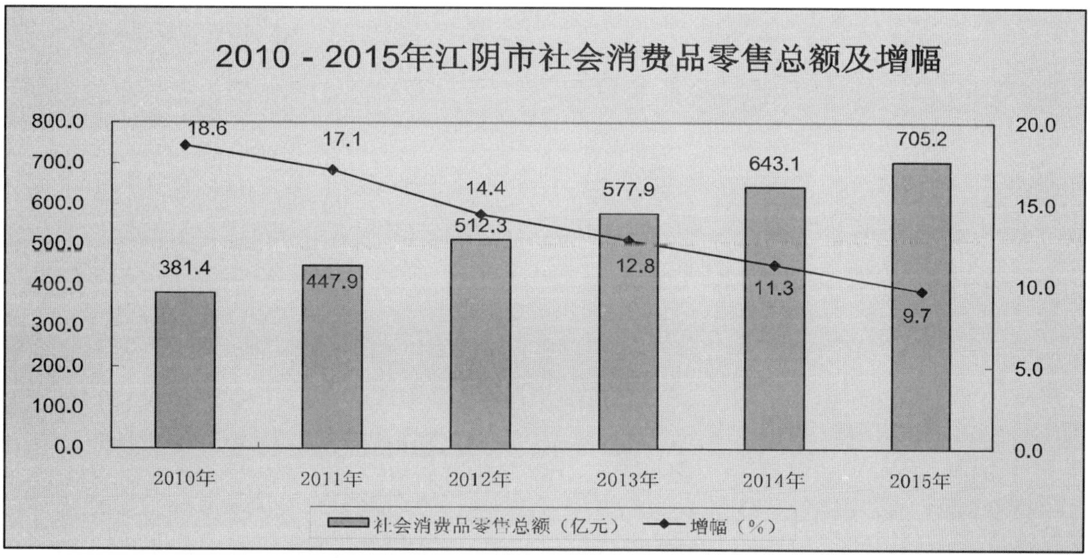

六、开放型经济

对外贸易负重前行。全年进出口总额203.1亿美元，下降8.9%，其中出口124.1亿美元，下降4.7%；进口79.0亿美元，下降14.9%。全市19个出口品牌列入“2015–2016年度无锡市重点培育和发展的国际知名品牌”，省市两级出口品牌达51个，数量保持全省县级市及无锡各板块领先地位。

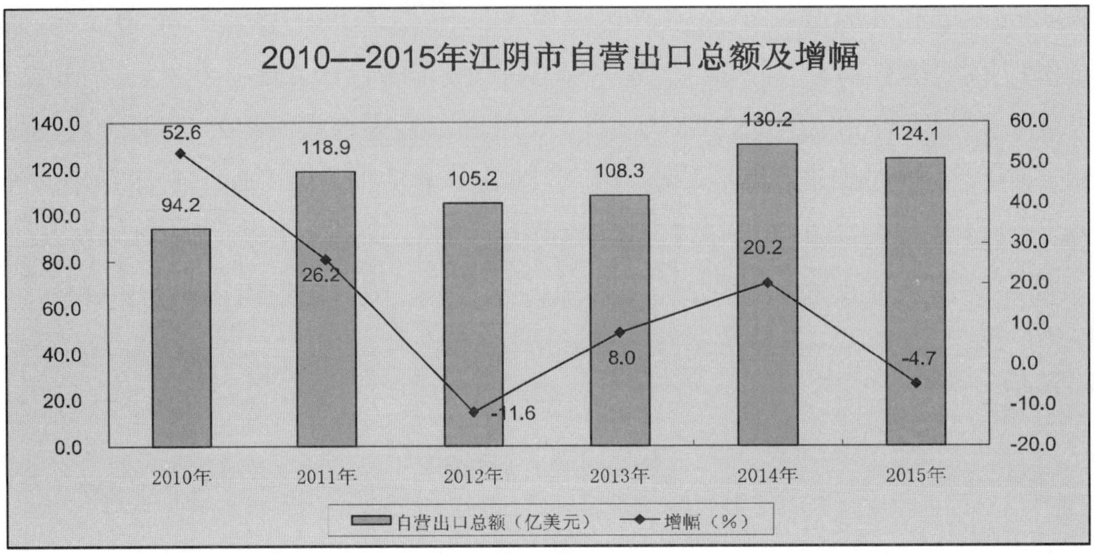

利用外资总量扩大。全市完成到位注册外资10.1亿美元，增长18.2%。重大项目有所突破，新批协议外资超3000万美元重大项目24个。其中，总投资5亿美元、注册3亿美元的星科金朋项目，是目前新引进单笔投资注册最大的外资项目。

服务外包持续增长。全年新增服务外包企业13家，完成服务外包业务合同金额17.5亿美元，增长23.5%，完成服务外包业务执行金额15.6亿美元，增长25.6%。完成服务外包离岸业务合同金额8.4亿美元，增长16.0%，完成服务外包离岸业务执行金额7.4亿美元，增长11.8%。

外经合作步伐加快。全年新批境外投资项目32个，其中超千万美元项目12个，全年完成中方协议投资额6.8亿美元，增长27.7%。积极响应国家战略，全市对“一带一路”国家的投资项目达7个，中方协议投资额近2亿美元，分别占全市境外投资的21.9%、29.4%。

七、交通、邮电和旅游业

车辆保有量持续提高。年末全社会拥有车辆45.2万辆，其中汽车37万辆，增长14.3%。私人汽车快速发展，年末达31.6万辆，比上年增加4.5万辆，增长16.8%。

客货运量有升有降。全年完成客运量7119万人次，下降5.0%；完成货运量4021万吨，增长3.8%。全市港口货物吞吐量12602万吨，增长1.1%[注2]。

邮电通讯整体较稳。全年邮电业务总收入24.8亿元，与上年持平。城乡本地固定电话用户40.8万户，比上年减少4.4万户。在网手机用户总量达到227万户，比上年减少3万户，互联网宽带用户达到52.1万户，比上年增加6.8万户。

旅游经济总体向好。全年共接待旅游、参观、访问及从事各项活动的入境游客4.6万人次，下降21.7%；接待国内游客1545.8万人次，增长5.5%。旅游总收入达237.6亿元，增长8.7%。全市拥有A级景区8家，其中国家4A级景区2家，国家3A级景区2家，国家2A级景区4家，农业旅游点35个。年末全市星级宾馆达12家，其中五星级宾馆3家，四星级宾馆4家。全市拥有旅行社42家，其中出境游组团社3家。

城市基础设施建设稳步推进。城市建成区面积125平方公里，市政道路长度434公里；市政排水管道密度4.9公里每平方公里，供水管道长度1734公里，供水总量6947万立方米；燃气普及率100%，其中城市液化气供气总量0.4万吨，天然气供气总量56442万立方米。

八、财政和金融

财政收支总体稳定。全年实现一般公共预算收入218.9亿元，增长9.1%，其中税收收入180.3亿元，增长9.4%；政府性基金收入17.0亿元，下降90.4%；其中土地出让金10.5亿元，下降93.0%；上划中央四税收入183.2亿元，增长7.7%。实现一般公共预算支出205.4亿元，增长9.7%，其中政府性基金预算支出18.2亿元，下降89.5%；国有资本经营预算支出1.7亿元。

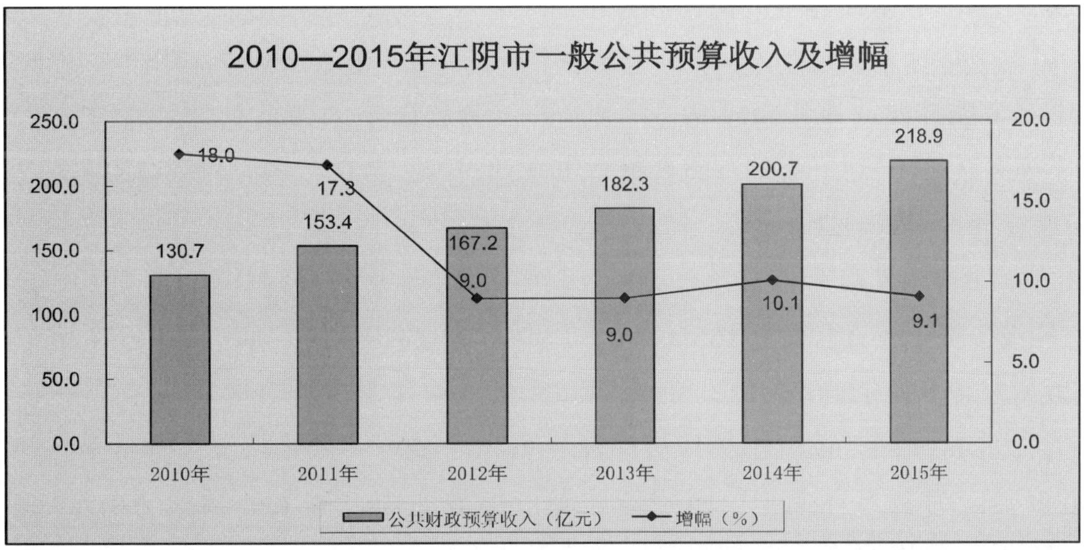

金融存贷款规模扩大。年末金融机构各项本外币存款余额达3099.3亿元，增长5.6%；住户存款本外币余额1034.5亿元，增长6.2%。各项本外币贷款余额2485.5亿元，增长5.4%。人民币贷款中，短期贷款1374.7亿元，比年初增加82.3亿元；中长期贷款832.1亿元，比年初增加108.9亿元。

证券保险势头良好。全市证券交易开户总数54.8万户，增长32.9%。证券机构交易金额14893.4亿元，增长276.1%。全市共有36家上市公司，37只股票，其中境外上市13家，创业板2家，中小板11家，主板10家。首发融资188亿元，合计融资（包括再融资）557亿元。全年实现保费收入49.8亿元，增长12.4%。其中财产险收入20.0亿元，增长12.8%；人寿险收入29.8亿元，增长12.1%。

九、科学技术和教育

创新驱动战略深入实施。全年新获无锡市级以上各类科技计划项目342项，争取到上级各类科技扶持资金超1.6亿元。实施重点产学研项目60项。全市新申请专利14010件，其中申请发明专利6313件，增长13.2%，授权专利7502件，全市万人发明专利拥有量达14.2件，比上年增加3.0件。江阴市成功获评国家知识产权示范城市，江阴高新区获批国家知识产权试点园区，江阴临港机械产业园获批省级科技产业园，江阴滨江科技城获评省级创新型园区。

高新技术产业快速发展。全年新获认定省级高新技术企业97家，省高新技术企业累计达381家。新增省级高新技术产品209个，全市高新技术产业产值占规模以上工业的比重达42.2%，较上年同期提高2个百分点。

创新载体平台不断拓展。全市新获批省工程技术研究中心13家、省研究生工作站13家，无锡市工程技术研究中心8家、无锡市工业设计中心6家，新建江阴市级以上院士工作站5家，节能环保产业技术研究院挂牌运行，规模以上工业企业研发机构覆盖率达到74.6%。创客联盟团等5家众创空间获批省级众创空间，新获批省农村科技服务超市3家，云亭街道获批省创新型试点乡镇。

教育事业协调发展。年末各类学校教职员工数16498人，其中专任教师14215人；全市年末各级各类学校在校学生165569人，其中小学92329人，普通中学54657人，职业学校18426人（其中大专5068人），特殊教育157人。幼儿园在园幼儿41689人。88%以上的幼儿在省、市优质园就读。小学和初中普及率均达100%。初中毕业生升学率达98.3%。江阴市被确定为全国青少年校园足球试点市，被评为“省义务教育均衡发展先进集体”，顺利通过国家责任督学挂牌督导创新市省级验收。

十、文化、卫生和体育

文化事业加快发展。全市万人拥有公共文化设施面积1859平方米，公益性文化设施达标率达100%。组织开展可移动文物普查，完成6021件（套）计17521件可移动文物的信息采集和数据报送工作。江南丝竹和二胡艺术等2个非遗项目分别成功申报国家级、省级补助资金，命名江阴市非物质文化遗产传承示范点45个。

卫生事业健康发展。全市拥有各类医疗卫生机构573个，其中医院、卫生院44家，社区卫生服务中心7家，开放床位7829张，年末共有卫生技术人员8946人。全年新农合人均筹资标准740元，参合群众55万人，近227.8余万人次得到结报补偿。

体育事业蓬勃发展。全市人均公共体育设施面积2.7平方米，提档升级“10分钟体育健身圈”，培育社会体育指导员400余人，完成国民体质测试3000余人次。体育产业获得省级引导资金650万元，连续5年位列全省县级市第一；承办洲际男篮巅峰争霸赛等国家级以上赛事5项20余场次；体育彩票年销售5.4亿元，继续保持全国县级市领先。

十一、人口、人民生活和社会保障

人口规模有序扩大。年末全市常住人口163.7万人，年末全市户籍人口124.1万人，人口出生率9.1‰，人口死亡率7.1‰，人口自然增长率为2.0‰。全市人均预期寿命达到81.47岁。

居民收入稳步增加。全体居民人均可支配收入42756元，增长8.2%。其中城镇居民人均可支配收入50701元，增长8.1%；农村居民人均可支配收入26012元，增长8.5%，农民收入连续第十六年蝉联全省同类城市第一。城镇居民家庭恩格尔系数29.3，农村居民家庭恩格尔系数30.2。城镇居民人均消费性支出26970元，增长8.0%。农村居民人均消费性支出16716元，增长9.2%。居民住房条件继续改善，据抽样调查资料显示，城镇居民人均住房面积58.1平方米，农村居民人均住房面积70.3平方米。

社会保障统筹实施。全年实现企业职工基本养老保险扩面新增4.5万人，净增1.1万人；全市企业职工基本养老、医疗、失业、工伤、生育保险参保人数分别达54.8万、70.3万、43.1万、43.1万、42.9万人；全市居民养老保险领取人数达21.1万人，居民养老保险基础养老金、被征地农民第四年龄段人员保养金标准分别提高至250元/月、600元/月；全市连续第十一次调整企业退休人员基本养老金待遇，人均养老金标准1895元/月，平均增资195元/月，全市城镇企业退休人员达14万人，当年城镇企业职工养老保险总支出34亿元。

社会福利事业稳步推进。全市各类福利机构拥有床位11689张。城乡居民最低生活保障对象10473人，其中市区2861人；全年共发放低保金5257.4万元，其中城镇低保1570万元。实施城乡医疗救助19725人次，支付救助金1485.9万元；实施临时救助10419户次，发放救助金1333.8万元。全市重点优抚对象5861人。全年全市慈善组织累计募集善款（含冠名基金）4563万元。

十二、环境保护

环境保护力度加大。全市城区空气质量优良天数比例为64.9%（以AQI指数计），城市集中式饮用水源地水质达标率100%，环境噪声达到功能区要求；年内继续淘汰10吨/小时以下燃煤锅炉215台；主要污染物排放总量超额完成“十二五”减排任务，排放强度进一步下降，单位GDP化学需氧量、二氧化硫、氨氮、氮氧化物排放强度分别下降到0.41千克/万元、1.10千克/万元、0.033千克/万元、1.41千克/万元。

城市绿化水平提升。城市建成区绿化覆盖面积5335公顷，绿地面积4912.5公顷，公园绿地面积541公顷。建成区绿化覆盖率42.7%，人均公共绿地面积达到15.9平方米。

注1：地区生产总值、各产业增加值绝对数按当年价格计算，增长速度按可比价格计算，其中2013年GDP为第三次全国经济普查核查数。

注2：港口货物吞吐量根据交通部要求统计口径调整，江阴–靖江园区吞吐量不再计入江阴港统计范围。

第二篇

综合篇

行政区划、面积和人口

	单位	2015年	2014年
一、行政区划			
镇	个	10	10
街道办事处	个	5	5
村民委员会	个	200	201
居民委员会	个	54	56
村居合一	个	43	42
二、土地总面积	平方公里	986.97	986.97
三、年末户籍总户数	万户	37.12	36.92
四、年末户籍总人口	万人	124.10	123.21
其中：男性	万人	61.70	61.40
女性	万人	62.40	61.81
总人口中：农业人口	万人	64.81	67.59
非农业人口	万人	59.29	55.62
年内迁入人口	人	9534	12085
年内迁出人口	人	2662	2667
五、每平方公里人口密度	人	1257	1248

社会经济主要指标（一）

	单位	2015年	2014年	2015年比 2014年±%
一、一般公共预算收入	亿元	218.92	200.66	9.1
一般公共预算支出	亿元	205.35	187.28	9.7
二、地区生产总值	亿元	2880.86	2753.95	7.4（可比价）
第一产业	亿元	46.28	54.36	0.5（可比价）
第二产业	亿元	1584.42	1520.90	7.0（可比价）
其中：工业	亿元	1515.18	1453.57	7.2（可比价）
第三产业	亿元	1250.16	1178.69	8.0（可比价）
第三产业占GDP比重	%	43.40	42.80	（+）0.60
三、年末常住人口	万人	163.68	163.47	0.1
年末户籍人口	万人	124.10	123.21	0.7
全年户籍平均人口	万人	123.66	122.48	1.0
城镇化率	%	69.42	68.35	（+）1.07
四、全社会从业人数（不含个体从业人数）	万人	99.76	99.61	0.2
第一产业从业人数（不含个体从业人数）	万人	5.00	5.06	-1.2
第二产业从业人数（不含个体从业人数）	万人	62.20	62.52	-0.5
第三产业从业人数（不含个体从业人数）	万人	32.56	32.03	1.7
五、工商开票销售总收入	亿元	11043.55	11939.38	-7.5
其中：工业开票销售收入	亿元	5987.73	6325.75	-5.4
服务业开票销售收入	亿元	5055.82	5613.63	-10.0

社会经济主要指标（二）

	单位	2015年	2014年	2015年比2014年±%
六、全部工业总产值	亿元	6527.63	6522.54	0.1
规模以上工业产值	亿元	5772.44	5690.60	1.4
其中：私营经济	亿元	2852.53	2734.07	4.3
七、规模以上工业主营业务收入	亿元	5517.77	5522.21	–0.1
八、规模以上工业利润总额	亿元	351.12	353.03	–0.5
九、固定资产投资总额	亿元	1128.59	1045.97	7.9
其中：第一产业	亿元	6.68	10.75	–37.8
第二产业	亿元	514.58	478.55	7.5
第三产业	亿元	607.33	556.68	9.1
房地产开发投资额	亿元	260.39	329.03	–20.9
民营经济固定资产投资额	亿元	816.43	806.87	1.2
占全社会投资额比重	%	72.34	77.14	（–）4.8
其中：私个经济投资额	亿元	424.63	359.90	18.0
占全社会投资额比重	%	37.62	34.41	（+）3.2
十、进出口总额（海关数）	亿美元	203.11	223.04	–8.9
其中：自营出口额	亿美元	124.12	130.23	–4.7
十一、工商登记协议注册外资	亿美元	33.25	22.44	48.2
到位注册外资	亿美元	10.11	8.55	18.2

社会经济主要指标（三）

	单位	2015年	2014年	2015年比 2014年±%
十二、社会消费品零售总额	亿元	705.16	643.07	9.7
其中：限额以上	亿元	229.99	217.38	5.8
十三、金融业年末贷款余额	亿元	2485.51	2357.37	5.4
金融业年末存款余额	亿元	3099.29	2934.48	5.6
其中：住户存款	亿元	1034.54	973.71	6.2
十四、保费收入	亿元	49.82	44.35	12.3
赔偿支出	亿元	13.38	10.65	25.6
十五、证券交易量	亿元	14893.36	3959.66	276.1
十六、全社会粮食总产量	万吨	17.65	19.78	-10.8
油料作物总产量	万吨	0.28	0.29	-3.4
水产品总产量	万吨	2.69	2.68	0.4
生猪年末存栏数	万头	25.73	23.50	9.5
生猪全年出栏数	万头	31.20	30.80	1.3
家禽全年出栏数	万只	800	837	-4.4
十七、货物运输量	万吨	4021	3874	3.8
旅客发送量	万人	7119	7490	-5.0
十八、港口货物吞吐量	万吨	12602	12462	1.1
港口集装箱运量	万标箱	45.74	52.25	-12.5
十九、邮电业务总收入	亿元	24.80	24.80	持平
二十、全社会用电量	亿千瓦时	235.60	237.87	-1.0
其中：工业用电量	亿千瓦时	208.47	212.09	-1.7
二十一、供水量（江南水务口径）	万立方米	25555	25102	1.8
售水量（江南水务口径）	万立方米	23795	23182	2.6
其中：生活用水	万立方米	14415	14143	1.9

社会经济主要指标（四）

	单位	2015年	2014年	2015年比 2014年±%
二十二、科技人员人数	人	155715	151483	2.8
二十三、各类学校在校学生数	人	165569	166394	–0.5
各类学校专任教师数	人	14320	14426	–0.7
二十四、卫生技术人员人数	人	8975	8435	6.4
其中：执业（助理）医师数	人	3399	3199	6.3
注册护士	人	3635	3444	5.5
各类卫生机构医疗床位数	张	7829	7605	2.9
二十五、公共图书藏书量（新口径）	万册	241	253.5	–4.9
二十六、本年出生人数	人	11306	13544	–16.5
本年死亡人数	人	8765	8373	4.7
本年出生率	‰	9.14	11.06	(–) 1.92（千分点）
本年死亡率	‰	7.09	6.84	(+) 0.25（千分点）
本年自然增长率	‰	2.05	4.22	(–) 2.17（千分点）
二十七、城镇非私营单位在岗职工平均工资	元	72921	69823	4.4
二十八、全体居民人均可支配收入	元	42756	39506	8.2
其中：城镇居民人均可支配收入	元	50701	46880	8.1
农村居民人均可支配收入	元	26012	23965	8.5
二十九、人均一般公共预算收入	元	17703	16383	8.1
人均地区生产总值	元	232966	224849	3.6
人均社会消费品零售额	元	57024	52504	8.6
人均储蓄存款	元	83660	76560	9.3

注：第二十六项人口数据为公安部门户籍人口统计口径；第二十九项人均指标按全年户籍平均人口计算。

江阴的一天（一）

	单位	2015年	2014年	2015年比 2014年±%
一、每天创造的财富				
一般公共预算收入	万元	5998	5498	9.1
地区生产总值	万元	78928	75451	4.6
工业总产值	万元	178839	178700	0.1
农业总产值	万元	2439	2428	0.5
粗钢	吨	33785	33336	1.3
成品钢材	吨	46663	47191	–1.1
发电量	万千瓦时	7409	8195	–9.6
化学纤维	吨	8669	7910	9.6
纱	吨	1388	1390	–0.1
布	万米	172.55	172.47	…
印染布	万米	120.91	127.14	–4.9
服装	万件	104.97	102.71	2.2
粮食	吨	484	542	–10.8
出栏生猪	头	855	844	1.3
二、每天社会经济活动				
社会消费品零售总额	万元	19320	17618	9.7
进出口总额	万美元	5565	6111	–8.9
其中：自营出口额	万美元	3400	3568	–4.7

江阴的一天（二）

	单位	2015年	2014年	2015年比2014年±%
货物运输量	万吨	11.02	10.61	3.8
旅客发送量	万人	19.50	20.52	-5.0
邮电业务总收入	万元	679	679	持平
售水量（江南水务口径）	万立方米	65.19	63.51	2.6
其中：生活用水	万立方米	39.49	38.75	1.9
用电量	万千瓦时	6455	6517	-1.0
其中：城乡居民生活用电	万千瓦时	344	327	5.3
出生人数	人	31	37	-16.5
死亡人数	人	24	23	4.7
迁入人数	人	26	33	-21.1
迁出人数	人	7	7	持平
附：				
每万人拥有卫生技术人员	人	73	69	5.2
每万人拥有科技人员	人	1259	1237	1.8
每万人拥有医疗床位	张	63	62	2.6

注：每万人拥有量按全年户籍平均人口计算。

地 区 生 产 总 值

单位：亿元

	2015年	比2014年增长%（按2010年不变价）
地区生产总值	2880.86	7.4
农林牧渔业	54.87	1.4
#农、林、牧、渔服务业	8.59	5.2
工业	1515.18	7.2
#金属制品、机械和设备修理业	0.38	4.8
建筑业	69.62	3.3
批发和零售业	481.63	2.4
批发业	414.84	2.4
零售业	66.79	2.1
交通运输、仓储和邮政业	68.76	4.4
住宿和餐饮业	63.06	0.0
住宿业	12.41	-3.2
餐饮业	50.65	1.0
金融业	123.53	8.6
房地产业	115.09	4.8
房地产业（K门类）	40.41	4.5
自有房地产经营活动	74.68	5.0
其他服务业	389.12	20.0
营利性服务业	230.49	25.9
非营利性服务业	158.63	12.2
第一产业	46.28	0.5
第二产业	1584.42	7.0
第三产业	1250.16	8.0

注：根据国民经济行业分类标准，农林牧渔服务业和金属制品、机械和设备修理业纳入第三产业统计。

各开放园区、镇（街道）三次产业增加值

单位：万元

	地区生产总值	增加值			
		第一产业	第二产业	#工业	第三产业
高 新 区	4612185	6310	3126031	3125666	1479844
临港开发区	6068777	93688	3425077	3375409	2550012
靖 江 园 区	910709		584572	584573	326137
澄 江 街 道	4130693	7610	1319941	1299642	2803142
南 闸 街 道	621644	20031	236246	230043	365367
云 亭 街 道	867431	12680	451071	444668	403680
月 城 镇	509286	26285	268098	235427	214903
青 阳 镇	594161	34640	270253	260587	289268
徐 霞 客 镇	1120094	50070	669107	641545	400917
华 士 镇	2628648	16395	1788777	1768748	823476
周 庄 镇	2899789	21618	2094631	2073367	783540
新 桥 镇	1482152	12832	817527	803130	651793
长 泾 镇	571213	21134	269989	261289	280090
顾 山 镇	724757	21015	335700	334182	368042
祝 塘 镇	831880	31530	534232	520157	266118

各开放园区、镇（街道）主要

	1.地区生产总值		#第一产业		#第二产业	
	2015年	±%	2015年	±%	2015年	±%
高 新 区	461.22	10.6	0.63	-39.3	312.60	12.0
临港开发区	606.88	7.5	9.37	5.6	342.51	12.9
靖江园区	91.07	-9.6			58.46	-10.0
澄江街道	413.07	7.5	0.76	1.3	131.99	8.8
南闸街道	62.16	7.1	2.00	8.9	23.62	4.8
云亭街道	86.74	10.9	1.27	4.4	45.11	9.5
月 城 镇	50.93	-3.1	2.63	0.3	26.81	-4.1
青 阳 镇	59.42	0.3	3.46	10.1	27.03	-1.5
徐霞客镇	112.01	7.1	5.01	3.8	66.91	5.8
华 士 镇	262.86	6.9	1.64	7.6	178.88	10.9
周 庄 镇	289.98	8.0	2.16	4.2	209.46	9.0
新 桥 镇	148.22	8.2	1.28	8.8	81.75	6.7
长 泾 镇	57.12	2.2	2.11	2.8	27.00	2.3
顾 山 镇	72.48	7.4	2.10	6.8	33.57	4.6
祝 塘 镇	83.19	7.2	3.15	7.1	53.42	7.0

社会经济指标一览表（一）

单位：亿元

#第三产业		2.地区生产总值构成比例（%）			3.户籍人口		#非农业人口	
2015年	±%	一产	二产	三产	2015年	±%	2015年	±%
147.98	7.7	0.1	67.8	32.1	7.31	持平	7.31	持平
255.00	0.2	1.6	56.4	42.0	18.65	0.3	6.93	6.8
32.61	−8.8		64.2	35.8				
280.31	6.9	0.1	32.0	67.9	26.64	1.6	26.64	9.0
36.54	8.7	3.2	38.0	58.8	4.83	1.1	0.50	−41.2
40.37	12.9	1.5	52.0	46.5	4.61	1.8	1.48	3.8
21.49	−2.2	5.2	52.6	42.2	4.37	0.9	0.79	8.3
28.93	1.6	5.8	45.5	48.7	7.01	0.3	0.89	−38.7
40.09	9.9	4.5	59.7	35.8	10.99	0.2	3.40	83.8
82.35	−1.3	0.6	68.1	31.3	9.28	0.5	2.27	−0.1
78.35	5.2	0.8	72.2	27.0	10.50	0.6	3.49	9.8
65.18	10.5	0.9	55.1	44.0	2.56	0.7	0.76	1.2
28.01	2.1	3.7	47.3	49.0	5.67	0.4	1.11	1.2
36.80	10.4	2.9	46.3	50.8	5.61	0.4	1.91	−3.8
26.61	7.5	3.8	64.2	32.0	6.09	0.4	1.82	持平

各开放园区、镇（街道）主要

	4.工业总产值		5.规上工业产值		6.规上工业利润	
	2015年	± %	2015年	± %	2015年	± %
高 新 区	1222.80	0.4	931.87	1.6	43.61	5.7
临港开发区	1521.31	−18.5	1341.30	7.2	76.88	−0.9
靖江园区	153.61	−18.0	153.61	−18.0	22.68	−22.3
澄江街道	334.97	0.1	313.75	0.4	27.72	−24.4
南闸街道	106.01	0.9	90.53	0.6	3.98	−16.1
云亭街道	222.00	4.7	162.28	2.6	7.35	13.8
月 城 镇	97.62	−31.2	61.68	−12.7	2.13	−38.0
青 阳 镇	97.47	−9.2	70.20	−14.7	1.47	−3.5
徐霞客镇	323.74	2.7	260.01	1.3	13.41	31.9
华 士 镇	825.57	1.8	714.66	1.8	32.87	11.7
周 庄 镇	954.73	1.4	865.77	0.9	35.67	−6.2
新 桥 镇	566.32	6.7	559.02	6.4	65.47	7.8
长 泾 镇	124.88	4.0	84.14	−3.1	4.64	31.6
顾 山 镇	148.96	2.2	99.59	1.5	5.00	36.6
祝 塘 镇	256.07	3.1	157.48	2.5	8.23	24.6

社会经济指标一览表（二）

单位：亿元

7.规上工业二项资金占用额		8.粮食总产量（吨）		9.一般公共预算收入（亿元）		10.农民人均可支配收入（元）	
2015年	±%	2015年	±%	2015年	±%	2015年	±%
122.98	-6.1	3192	-14.3	30.91	12.0	29982	8.4
256.39	26.3	39696	-11.4	46.78	11.8	30411	7.6
52.55	70.1			5.72	7.5	—	—
77.62	17.0	1379	-7.0	28.75	11.8	37064	11.8
26.41	7.3	5838	-31.9	3.33	12.6	32469	8.0
47.89	-4.5	3498	-11.6	6.96	2.7	33209	11.0
24.61	1.0	4624	-2.6	3.28	11.0	29302	9.3
24.68	-6.7	23456	-5.4	3.20	17.7	25324	7.9
87.96	22.2	23809	-11.8	6.22	14.6	24281	8.5
116.73	-7.7	8962	-6.7	9.31	13.4	35155	10.1
125.17	-4.4	11811	-7.5	9.48	12.0	37574	12.0
97.84	12.5	938	-39.6	12.39	16.8	37812	11.5
26.33	-0.7	16585	-8.9	2.98	11.7	26536	9.6
29.46	13.7	10746	-23.4	4.32	11.7	28038	9.1
24.42	3.9	20143	-5.3	4.02	11.7	29030	8.6

各开放园区、镇（街道）主要

	11.自营出口总额（万美元）		12.到位注册外资（万美元）	
	2015年	±%	2015年	±%
高 新 区	358366	–4.4	28000	7.4
临港开发区	286984	–0.1	33032	3.6
靖江园区	—	—	5416	983.1
澄江街道	104337	4.7	3000	42.4
南闸街道	4119	–1.9	20	–92.0
云亭街道	35560	6.9	8	–98.0
月 城 镇	10494	–13.7	1480	90.0
青 阳 镇	17013	5.6	152	159.1
徐霞客镇	55806	19.0	3321	–18.3
华 士 镇	84210	–9.9	5032	151.6
周 庄 镇	152662	–21.9	5000	61.1
新 桥 镇	30604	–12.5	12000	20.0
长 泾 镇	16886	–9.9	1939	53.4
顾 山 镇	42858	1.9		
祝 塘 镇	41262	–1.3	1500	–13.6

社会经济指标一览表（三）

单位：亿元

13.工商登记协议注册外资（万美元）		14.全社会固定资产投资		#工业投资		#三产投资	
2015年	±%	2015年	±%	2015年	±%	2015年	±%
198512	446.2	185.57	18.3	103.51	20.0	82.06	16.2
67531	20.9	348.50	8.7	222.54	14.2	125.97	4.0
18156	485.7	14.55	−49.9	7.85	−56.9	6.70	−38.0
15114	541.7	139.60	19.1	1.85	−22.9	137.75	20.0
		8.97	−34.8	6.00	19.5	2.11	−73.9
431	−67.5	40.76	14.1	13.51	6.3	27.25	19.5
1156	−31.2	17.81	−33.2	8.48	−44.1	9.03	−17.5
145	−54.7	28.62	6.9	15.74	0.1	12.02	17.6
2071	53.6	42.62	5.6	23.07	2.0	18.03	5.6
13764		44.52	5.3	23.94	10.2	20.58	0.1
6400	−22.9	57.98	0.5	30.05	0.2	27.04	0.6
		39.52	12.2	13.70	5.6	25.81	16.0
5160	6349.8	23.47	5.8	12.14	8.0	10.35	3.5
16		27.96	10.5	14.08	9.3	13.42	15.1
4092	469.9	31.74	9.5	18.10	8.2	12.81	10.7

各开放园区、镇（街道）

	2015年末					年平均人口（人）
	总户数（户）	总人口			#非农业人口	
		合计	男	女		
江阴市	371183	1241045	617047	623998	592879	1236576
高新区	22203	73085	36490	36595	73055	73080
临港开发区	53599	186464	93346	93118	69258	186147
澄江街道	90337	266351	131389	134962	266351	264254
南闸街道	14160	48279	24485	23794	5000	48012
云亭街道	12740	46109	22916	23193	14767	45701
月城镇	12292	43682	21714	21968	7928	43488
青阳镇	20343	70102	35096	35006	8872	69986
徐霞客镇	32614	109881	54860	55021	34035	109792
华士镇	26448	92762	46095	46667	22679	92512
周庄镇	29477	105026	52737	52289	34881	104712
新桥镇	7180	25563	12565	12998	7615	25475
长泾镇	16238	56657	27764	28893	11082	56546
顾山镇	16607	56144	27388	28756	19110	56042
祝塘镇	16945	60940	30202	30738	18246	60823

人口及自然增长情况

单位：人

本年出生人数			本年死亡人口数			自然增长率（‰）
小计	#女性	出生率（‰）	小计	#女性	死亡率（‰）	
11306	5441	9.14	8765	3938	7.09	2.05
760	391	10.4	473	192	6.47	3.93
1577	766	8.46	1345	628	7.21	1.25
2660	1270	10.07	1376	603	5.21	4.86
449	219	9.35	383	175	7.98	1.37
469	229	10.26	313	128	6.85	3.41
298	135	6.85	310	132	7.13	-0.28
614	298	8.77	576	273	8.23	0.54
894	424	8.14	921	406	8.39	-0.25
961	446	10.39	682	305	7.37	3.02
1111	534	10.61	762	354	7.28	3.33
250	120	9.81	181	79	7.11	2.71
412	188	7.29	433	215	7.66	-0.37
397	175	7.08	487	217	8.69	-1.61
454	246	7.46	523	231	8.6	-1.13

计 划 生 育 情 况

	单位	2015年	2014年	2015年比 2014年±%
一、全市人口出生率	‰	7.99	9.79	(-)1.80(千分点)
其中：1. 一孩率	%	66.58	75.02	(-)8.44
一孩婴儿数	人	6592	9014	-26.87
2. 二孩率	%	32.92	24.49	(+)8.43
二孩婴儿数	人	3259	2942	10.78
其中：计划内	人	3232	2914	10.91
3. 三孩及三孩以上多孩率	%	0.50	0.49	(+)0.01
多孩婴儿数	人	50	59	-15.25
二、计划生育率	%	99.71	99.75	(-)0.04
当年出生总人数	人	9901	12015	-17.60
生育计划内出生数	人	9872	11985	-17.63
三、节育措施落实率	%	98.90	99.41	(-)0.51
已采取节育措施人数	人	200899	216593	-7.25
应落实措施人数	人	203133	217884	-6.77
四、独生子女领证率	%	24.19	24.9	(-)0.71
有效领独生子女证人数	人	46047	61015	-24.53
五、生育率	‰	32.49	38.1	(-)5.61
育龄妇女人数	人	304753	315405	-3.38
六、晚婚率	%	75.77	74.2	(+)1.57
女性初婚人数	人	7796	10647	-26.78
其中：晚婚人数	人	5907	7900	-25.23
七、已婚育龄妇女人数	人	235437	244747	-3.80

气象、水文概况（一）

	单位	2015年	2014年
一、温度			
1.年平均气温	℃	16.7	16.7
2.最高日气温	℃	38.9	37.0
出现日期	月日	8月5日	7月22日
3.最低日气温	℃	–5.6	–4.8
出现日期	月日	1月2日	1月22日
二、日照			
1.年日照时数	小时	1767.5	1893.5
2.日照百分数	%	40	43
三、湿度			
1.年平均水汽压（绝对）	毫巴	15.7	15.6
2.最大水汽压	毫巴	36.1	35.6
出现日期	月日	8月3日	7月/3天
3.最小水汽压	毫巴	1.4	1.8
出现日期	月日	1月1日	12月/2天
四、年平均风速	米/秒	1.7	1.8
最大风速	米/秒	7.5	7.2
五、年平均气压	百帕	1016.4	1016.2
六、无霜期	天	259	221
初霜期	月日	2014年11月14日	2013年11月18日
终霜期	月日	2015年3月12日	2014年4月6日
初终间日数	天	119	140
初雪期	月日	2014年12月3日	2014年2月5日
终雪期	月日	2015年3月5日	2014年2月19日
雪日	天	8	10
七、全年雾日数	天	21	13
八、全年雷暴数	天	26	16

气象、水文概况（二）

	单位	2015年	2014年
九、水文情况			
（一）肖山水文站			
1.降水：全年降水总量	毫米	1521.4	1154.2
全年降水天数	天	150	122
一日最大降水量	毫米	141.6	83.0
出现日期	月日	6月26日	8月31日
一月最大降水量	毫米	622.0	307.8
出现月份	月	6	7
2.水位：最高潮位	米	5.97	5.79
发生日期	月日	7月4日	7月14日
最低潮位	米	1.25	1.29
发生日期	月日	1月29日	1月1日
高潮平均潮位	米	4.20	4.20
低潮平均潮位	米	2.34	2.33
（二）工农闸水文站（定波闸）			
1.降水：全年降水总量	毫米	1925.0	1304.3

气象、水文概况（三）

	单位	2015年	2014年
全年降水天数	天	152	134
一日最大降水量	毫米	167.6	89.6
出现日期	月日	6月26日	7月27日
一月最大降水量	毫米	895.0	345.6
出现月份	月	6	7
2.水位：最高水位	米	5.20	4.53
发生日期	月日	6月28日	5月21日
最低水位	米	2.82	2.69
发生日期	月日	1月5日	1月3日
年平均水位	米	3.76	3.64
（三）青阳水文站			
1.降水：全年降水总量	毫米	1676.2	1071.2
全年降水天数	天	146	135
一日最大降水量	毫米	221.4	62.2
出现日期	月日	6月16日	6月26日
一月最大降水量	毫米	812.6	217.0
出现月份	月	6	7
2.水位：最高水位	米	5.32	4.39
发生日期	月日	6月17日	7月27日
最低水位	米	3.18	3.14
发生日期	月日	2月14日	1月25日
年平均水位	米	3.68	3.57

第 三 篇

农 业 篇

各开放园区、镇（街道）农村组织情况

	村委会个数（个）		村委会个数（个）
合　　计	243	月城镇	9
高新区	22	青阳镇	15
临港开发区	39	徐霞客镇	21
其中：临港街道	27	华士镇	27
璜土镇	12	周庄镇	15
靖江园区	—	新桥镇	10
澄江街道	31	长泾镇	12
南闸街道	11	顾山镇	12
云亭街道	7	祝塘镇	12

备注：243个村委（含43个村居合一）。

农业主要产品生产情况

（全社会）

	播种面积（千公顷）	每公顷产量（公斤）	总产量（吨）
农作物总播种面积	44.44	—	—
一、粮食作物合计	25.23	6995	176488
（一）夏收粮食	12.12	4919	59619
1.小　麦	11.49	5039	57898
2.元　麦			
3.大　麦			
4.蚕豌豆	0.63	2732	1721
（二）秋收粮食	13.11	8914	116869
1.稻　谷	11.90	9345	111206
2.豆　类	0.81	4216	3415
3.薯　类（折粮计算）	0.40	5620	2248
二、油料合计	1.11	2518	2795
1.花　生	0.25	3400	850
2.油菜籽	0.86	2262	1945
三、其他农作物	18.10	—	—
其中：蔬　菜	14.69	37932	557225

茶叶、果木生产情况

	计量单位	2015年	2014年	2015年比2014年±%
一、茶叶产量	吨	5	11	-54.5
其中：红毛茶	吨			
绿毛茶	吨	5	11	-54.5
其他茶	吨			
二、茶园面积	亩	270	420	-35.7
三、水果产量	吨	73784	79280	-6.9
其中：柑桔	吨	65	65	持平
梨	吨	9627	9752	-1.3
桃子	吨	10371	7762	33.6
葡萄	吨	51962	59448	-12.6
四、果园面积	亩	47751	52590	-9.2
其中：柑桔园	亩	285	270	5.6
梨　园	亩	5571	5970	-6.7
桃　园	亩	9308	8085	15.1
葡萄园	亩	28235	33795	-16.5
五、林业生产				
当年绿化造林面积	亩	3645	9490	-61.6
育苗面积	亩	71490	69764	2.5
其中：当年育苗面积	亩	2621	4466	-41.3
幼林抚育面积	亩	58457	63337	-7.7
幼林抚育作业面积	亩	101778	104008	-2.1
四旁绿化	百株	11321	14402	-21.4
年末林地面积	亩	309256	311042	-0.6
农田林网累计面积	亩	211720	232671	-9.0
其中：本年新增	亩	165	320	-48.4
六、食用菌产量	吨	4653	6204	-25.0

畜牧业、水产情况

	计量单位	2015年	2014年	2015年比 2014年±%
一、牛年末数	万头	0.54	0.56	-3.6
1.黄牛	万头			
2.奶牛	万头	0.54	0.56	-3.6
二、生猪年末存栏数	万头	25.73	23.50	9.5
其中：母猪	万头	0.78	1	-22.0
生猪全年出栏数	万头	31.20	30.80	1.3
三、羊年末数	万头	0.68	1.54	-55.8
其中：山羊	万头	0.68	1.45	-53.1
绵羊	万头		0.09	-
四、家禽年末数	万只	99.50	176	-43.5
家禽全年出栏数	万只	800.30	837	-4.4
五、家兔年末数	万只	0.42	0.40	5.0
六、蜂年末数	箱	850	1680	-49.4
七、牛肉产量	吨		330	-
八、猪肉产量	吨	26750	27000	-0.9
九、羊肉产量	吨	58	135	-57.0
十、家禽产量	吨	12055	13096	-7.9
十一、牛奶产量	吨	25663	24355	5.4
十二、羊毛产量	吨		2.2	-
十三、兔毛产量	吨		3.6	-
十四、禽蛋产量	吨	8743	9850	-11.2
十五、蜂蜜产量	吨	30	51	-41.2
十六、淡水产品产量	吨	26907	26811	0.4
其中：养殖产量	吨	25617	25347	1.1

农林牧渔业总产值

单位：万元

	按可比价计算	按当年价计算
农林牧渔业总产值	894022	890314
一、农业产值	414845	412356
（一）谷物及其他作物	64868	64479
（二）蔬菜园艺作物	257845	256298
（三）水果、坚果、饮料和香料作物	92132	91579
（四）中药材	—	—
二、林业产值	78273	78273
（一）林木的培育和种植	78235	78235
（二）竹木采运	38	38
（三）林产品	—	—
三、畜牧业产值	175776	175424
（一）牲畜饲养	21274	21231
（二）猪的饲养	63776	63648
（三）家禽饲养	89994	89814
（四）其他畜牧业	732	731
（五）狩猎和捕捉动物	—	—
四、渔业产品	101213	101213
（一）海水产品	—	—
（二）淡水产品	101213	101213
五、农林牧渔服务业	123915	123048

农林牧渔业增加值

（按当年价格计算）　　单位：万元

	2015年	2014年	2015年比2014年±%
一、总产值	890314	886120	0.5
二、中间消耗	341593	342514	-0.3
（一）中间物质消耗	239515	244217	-1.9
（二）对非物质生产部门的劳务支出	102078	98297	3.8
三、增加值（按行业分）	548721	543606	0.9
（一）农林牧渔业增加值	462833	461382	0.3
1.农业	276171	264756	4.3
2.林业	46310	46272	0.1
3.牧业	85765	90576	-5.3
4.渔业	54587	59778	-8.7
（二）农林牧渔服务业增加值	85888	82224	4.5
四、增加值（按支出法分）	548721	543606	0.9
（一）固定资产折旧	15552	15189	2.4
（二）劳动者报酬	518071	512815	1.0
（三）生产税	—	—	—
（四）生产补贴（-）	11950	12989	-8.0
（五）营业盈余	27048	28591	-5.4

农林牧渔业总产值、增加值

（按当年价格计算） 单位：万元

	2015年	2014年	2015年比2014年±%
一、农林牧渔业总产值	890314	886120	0.5
1.农业产值	412356	401165	2.8
2.林业产值	78273	75855	3.2
3.牧业产值	175424	182612	-3.9
4.渔业产值	101213	108688	-6.9
5.农林牧渔服务业产值	123048	117800	4.5
二、农林牧渔业增加值	548721	543606	0.9
1.农业增加值	276171	264756	4.3
2.林业增加值	46310	46272	0.1
3.牧业增加值	85765	90576	-5.3
4.渔业增加值	54587	59778	-8.7
5.农林牧渔服务业增加值	85888	82224	4.5

农村电气化、化学化和社会基础设施

	计量单位	数量
一、农村用电量	万千瓦小时	1645931
二、农用化肥施用量(折纯)	吨	14111
氮肥	吨	5763
磷肥	吨	854
钾肥	吨	993
复合肥	吨	6501
三、农用塑料薄膜使用量	吨	1412
其中：地膜使用量	吨	939
四、地膜覆盖面积	公顷	1578
五、农用柴油使用量	吨	4973
六、农药使用量	吨	830
七、农村社会基础设施		
1.自来水受益村数	个	243
2.通汽车的村数	个	243
3.通有线电视村数	个	243

农业机械化（一）

	计量单位	数量
农业机械总动力	千瓦	255611
1.柴油机	千瓦	110136
2.汽油机	千瓦	20598
3.电动机	千瓦	124877
4.其他	千瓦	
一、耕作机械	千瓦	40212
大中型拖拉机	台/千瓦	685/33288
手扶拖拉机	台/千瓦	279/2549
插秧机	台/千瓦	659/4375
中拖农具	部	2608
手拖农具	部	681
二、排灌动力机械	台/千瓦	3276/66213
1.柴油机	台/千瓦	85/2385
2.电动机	台/千瓦	3191/63828
三、农用水泵	台	2823
四、农副产品加工机械电动机	台/千瓦	780/8744
农副产品加工机械柴油机	台/千瓦	360/5510

农业机械化（二）

	计量单位	数　量
五、植保机械	部/千瓦	4970/11239
六、收获机械电动机	千瓦	
收获机械柴油机	千瓦	15116
1.联合收割机	台	369
2.机动脱粒机	台	5705
七、农业机械固定资产原值	万元	26565.55
八、水利		
总灌溉面积	千公顷	26.89
其中：自流灌溉	千公顷	0.10
有效灌溉	千公顷	24.45
旱涝保收面积	千公顷	20.75
机电排灌面积	千公顷	26.79
其中：电力灌溉	千公顷	26.79
易涝地面积	千公顷	3.95
水利工程年取水量	万立方米	129967
其中：农业	万立方米	18075
一般工业	万立方米	8412
生活	万立方米	87
电厂取水量	万立方米	77838
其他	万立方米	25555

农村集体经济组织收益分配

单位：万元

	2015年	2014年	2015年比2014年±%
一、总收入	310742	324624	-4.3
1.经营收入	101057	97050	4.1
2.发包及上交收入	107329	107450	-0.1
3.投资收益	5384	3999	34.6
4.补助收入	27639	50364	-45.1
5.其他收入	69333	65760	5.4
二、总支出	184483	200082	-7.8
1.经营支出	36138	12919	179.7
2.管理费用	49081	61635	-20.4
其中:（1）干部报酬	20440	20639	-1.0
（2）报刊费	910	709	28.4
3.其他支出	99265	125528	-20.9
三、本年收益	126258	124542	1.4
四、年初未分配收益	55807	110261	-49.4
五、其他转入	2440	2751	-11.3
六、可分配收益	184505	237554	-22.3
1.提取公积金、公益金	50569	104113	-51.4
2.提取应付福利费	4395	3964	10.9
3.外来投资分利	11000	10500	4.8
4.农户分配	32025	40268	-20.5
5.其他分配	6561	14944	-56.1
七、年末未分配收益	79955	63766	25.4

第四篇

工业篇

规模以上工业企业单位数及平均人数

	单位数			平均用工人数
	2015年	2014年	2015年比2014年±%	
合　　计	1399	1459	-4.1	43.95
Ⅰ、按经济类型分:				
一、国有企业	1	1	0.0	0.18
二、集体企业	12	12	0.0	3.44
三、股份合作企业	3	4	-25.0	0.04
四、股份有限公司	1104	1137	-2.9	31.29
五、外商及港澳台投资企业	264	287	-8.0	8.83
六、私营企业	1032	1070	-3.6	25.20
Ⅱ、按轻重工业分:				
轻工业	575	595	-3.4	17.42
重工业	824	864	-4.6	26.53
Ⅲ、按规模类型分:				
大型企业	46	54	-14.8	21.06
中型企业	189	192	-1.6	8.98
小微企业	1164	1213	-4.0	13.91

规 模 以 上 工 业 企 业

	现行价工业总产值		
	2015年	2014年	2015年比2014±%
合　计	57724445	56905972	1.4
Ⅰ、按经济类型分:			
一、国有企业	115324	110942	4.0
二、集体企业	4410114	4372466	0.9
三、股份合作企业	23526	16547	42.2
四、股份有限公司	38909395	37939225	2.6
五、外商和港澳台投资企业	14185434	14378466	-1.3
六、私营企业	28525331	27340731	4.3
Ⅱ、按轻重工业分:			
轻工业	18302841	17775186	3.0
重工业	39421604	39130786	0.7
Ⅲ、按规模类型分:			
大型企业	33745482	33385956	1.1
中型企业	11371258	11441577	-0.6
小型企业	12558229	12033978	4.4
微型企业	49477	44461	11.3

生产、销售总量

单位：万元

现行价工业销售产值		
2015年	2014年	2015年比 2014年±%
56132705	55366493	1.4
115324	110942	4.0
3961886	4017732	−1.4
22561	17197	31.2
38015439	37097296	2.5
13937815	14036443	−0.7
28174745	26983739	4.4
17646852	17166128	2.8
38485853	38200364	0.8
32718464	32511964	0.6
11109453	11065996	0.4
12255019	11739304	4.4
49769	49229	1.1

规 模 以 上 工 业 企

	单位	合计	按经济类型分	
			国有	集体
工业企业单位数	个	1399	1	12
其中：亏损企业单位数	个	256		
资产总计	万元	61062377	190284	5516611
流动资产合计	万元	36013289	132756	3294586
其中：应收账款	万元	8535768	52628	243997
产成品	万元	2874692	34518	167159
负债合计	万元	35538359	153960	3405585
主营业务收入	万元	55177738	115324	3910975
销售费用	万元	806971	4298	23960
管理费用	万元	1981348	481	97009
财务费用	万元	895639	216	115110
利润总额	万元	3511165	2293	257163
平均用工人数	人	439480	1798	34424
工业增加值	万元	11200986	21433	877965

业 主 要 经 济 指 标

按 经 济 类 型 分			
股份合作	股份有限公司	外商和港澳台	私　　营
3	1104	264	1032
	191	63	177
23949	37606297	17677204	27082565
12759	22064340	10472120	16005077
7484	5528895	2684036	4092414
1810	2186667	481216	1634906
14708	23016645	8913963	16926623
22134	38245346	12805617	28321237
113	582212	196176	423953
2690	1268739	609304	984893
255	683610	95783	562866
3043	2094378	1152793	1553924
428	312857	88315	251950
6706	7326493	2955241	5295239

规模以上工业企业主要

	企业单位数（个）	其中：亏损企业单位数（个）	工业总产值（现价值）	资产总计
总　　计	1399	256	57724445	61062377
按轻重工业分				
1.轻工业	575	85	18302841	16270002
2.重工业	824	171	39421604	44792375
按企业规模分				
1.大型	46	2	33745482	38292762
2.中型	189	26	11371258	11497825
3.小型	1150	223	12558229	11181965
4.微型	14	5	49477	89825
按行业分				
1.食品制造业	3	1	45953	39480
2.酒、饮料和精制茶制造业	1		92372	133947
3.纺织业	229	26	6220321	3974820
4.纺织服装、服饰业	130	16	3973640	4015835
5.皮革、毛皮、羽毛及其制品和制鞋业	6	3	44500	31580
6.木材加工和木、竹、藤、棕、草制品业	2		7914	6192
7.家具制造业	6	1	32768	35364
8.造纸和纸制品业	15	2	406460	607215
9.印刷和记录媒介复制业	28	4	444720	507864
10.文教、工美、体育和娱乐用品制造业	10	1	53513	52360

经济指标分组情况（一）

单位：万元

流动资产合计	其中：应收账款	产成品	负债合计	销售费用	管理费用	财务费用	利润总额
36013289	8535768	2874692	35538359	806971	1981348	895639	3511165
9620360	2039582	1158714	9505245	321017	506159	231891	1200594
26392928	6496185	1715979	26033114	485954	1475190	663749	2310571
20901730	2717189	1590494	22039919	398814	986232	611316	2115860
7351749	2637120	547980	6587571	215370	476125	115983	925063
7684641	3174631	734966	6862633	192345	518014	166477	470802
75169	6828	1253	48238	443	978	1865	-560
20735	7516	3870	19084	1842	2498	131	1055
78600	12802	25311	52093	5677	2417	2535	6989
2636113	881081	348517	2181814	38671	106096	64278	283858
2575454	255773	363307	2517263	132596	183556	8265	562625
17373	11860	541	23972	506	1530	705	33
4737	2228	149	4498	412	322	69	568
24851	9936	4768	22978	1653	3272	406	85
397545	94582	27047	327316	5867	16207	8761	17484
296441	89678	20562	210624	10001	19477	6682	83435
35137	4898	9441	33849	764	3305	996	3871

规 模 以 上 工 业 企 业 主 要

	企业单位数（个）	其中：亏损企业单位数（个）	工业总产值（现价值）	资产总计
11.石油加工、炼焦和核燃料加工业	6	2	1169054	393748
12.化学原料和化学制品制造业	79	11	4590309	5059496
13.医药制造业	15	3	343323	467743
14.化学纤维制造业	66	18	4118035	2883708
15.橡胶和塑料制品业	73	11	901287	862329
16.非金属矿物制品业	48	7	721351	742693
17.黑色金属冶炼和压延加工业	68	18	9694011	9380203
18.有色金属冶炼和压延加工业	45	10	2164412	1281242
19.金属制品业	117	24	5372181	4597809
20.通用设备制造业	122	38	942925	1557253
21.专用设备制造业	96	29	2369569	2813317
22.汽车制造业	27	6	830174	1099959
23.铁路、船舶、航空航天和其他运输设备制造业	30	4	1873341	5803775
24.电气机械和器材制造业	101	12	6773810	8461688
25.计算机、通信和其他电子设备制造业	35	4	2798977	3155654
26.仪器仪表制造业	19	3	410138	521414
27.废弃资源综合利用业	2	2	16846	22983
28.电力、热力生产和供应业	16		1090987	2136477
29.燃气生产和供应业	2		170171	102737
30.水的生产和供应业	2		51384	313492

经济指标分组情况（二）

单位：万元

流动资产合计	其中：应收账款	产成品	负债合计	销售费用	管理费用	财务费用	利润总额
257447	89307	14133	214225	12114	14576	5787	2781
2635602	510606	211071	2682259	75252	114456	129981	243770
292522	104272	30987	190059	54083	33917	3542	42645
1237383	223200	112320	1795331	23379	37635	85273	63713
539360	227136	52979	449103	21451	44094	11830	55413
518037	306160	26673	463065	16154	31627	10302	39646
4843633	407964	415937	6010726	67928	276506	166459	456283
925887	359319	76331	912952	17796	50223	24849	42445
2855011	663011	263328	3057159	72369	185631	115566	191338
972107	365781	83109	873644	19062	83033	18972	11778
2077457	601753	210334	1793816	38378	99273	46044	105349
704223	189744	103351	586948	20646	89044	25570	42323
3966197	581235	15105	2642602	14794	86794	-10562	302372
5428303	1833996	331529	5288109	96499	282173	94620	343819
1474318	444250	107833	1671485	34130	147128	42805	167711
313502	117332	14848	289757	16619	36483	10579	33473
8294	742	930	25802	637	976	1364	-1762
732114	135662	22	1026064	184	18115	22283	354127
55057	2781	251	43484	518	3633	-1192	38121
89852	1162	111	128282	6992	7353	-1259	15820

规模以上工业企业主要经济

	企业单位数（个）	其中：亏损企业单位数（个）	工业总产值（现价值）	资产总计
总　　计	1399	256	57724445	61062377
高 新 区	113	35	9318676	9060881
临港开发区	224	60	13413024	12030263
靖江园区	17	7	1536058	4888641
澄江街道	76	24	3137475	5398730
南闸街道	53	5	905312	882036
云亭街道	87	12	1622804	1521669
月 城 镇	54	13	616792	727619
青 阳 镇	81	21	701980	604538
徐霞客镇	152	31	2600092	3556623
华 士 镇	104	11	7146612	8231678
周 庄 镇	127	3	8657736	6750733
新 桥 镇	25	3	5590234	5075501
长 泾 镇	85	8	841360	767391
顾 山 镇	77	16	995869	764101
祝 塘 镇	124	7	1574795	801974

指标按开放园区、镇（街道）分

单位：万元

流动资产合计	其中：应收账款	产成品	负债合计	销售费用	管理费用	财务费用	利润总额
36013289	8535768	2874692	35538359	806971	1981348	895639	3511165
3966869	878946	350854	4933317	198077	506971	125608	436143
7233379	1992795	571115	7640403	141610	403863	137413	768791
3286757	391820	133695	2391124	11808	55718	2638	226752
2700698	622720	153482	2796643	68818	120244	104721	277177
581713	218039	46061	520265	13739	41927	14401	39804
980766	386734	92198	758630	22695	58064	18208	73541
480335	211531	34605	370220	14008	38366	10255	21270
411745	198020	48767	449883	13721	36015	7041	14714
2224509	788028	91568	2175709	26845	83667	34412	134136
5376338	816267	351045	5083221	54567	169971	198804	328748
3943258	849052	402613	4023834	62962	177559	167762	356733
3232192	548634	429786	2962449	129884	156748	41448	654710
515978	205786	57500	507333	14401	32254	12765	46412
529247	230497	64110	468679	13446	47789	9143	49982
549507	196900	47295	456648	20389	52192	11021	82253

规模以上工业企业主要工业产品产量（一）

	计量单位	2015年	2014年	2015年比 2014年±%
发电量	万千瓦时	2704196	2991010	-9.6
粗钢	吨	12331576	12167479	1.4
钢材	吨	17032129	17224558	-1.1
生铁	吨	7286551	6924173	5.2
化学农药	吨	22918	22121	3.6
工业锅炉	蒸吨	274	1195	-77.1
铜材	吨	99126	97497	1.7
石油沥青	吨	1344965	1267433	6.1
铝材	套	933788	844640	10.6
集成电路	万块	2120817	1890245	12.2
半导体分立器件	万只	7466525	7309352	2.2
合成纤维聚合物	吨	3909058	2897560	34.9

规模以上工业企业主要工业产品产量（二）

	计量单位	2015年	2014年	2015年比 2014年±%
化学纤维	吨	3164045	2887064	9.6
纱	吨	506706	507310	–0.1
布	万米	62979	62953	…
印染布	万米	44132	46405	–4.9
呢绒	万米	10925	11008	–0.8
机制纸及纸板	吨	143782	272779	–47.3
水泥	吨	4064503	4859783	–16.4
塑料制品	吨	965544	862499	12.0
服装	万件	38315	37490	2.2
自来水	万吨	23795	23182	2.6

2015年大中型工业企业基本情况（一）

单 位 名 称	单位规模	登记注册类型
江苏三房巷集团有限公司	大 型	私营有限责任公司
江阴澄星实业集团有限公司	大 型	私营股份有限公司
江阴市申澄集团有限公司	大 型	其他有限责任公司
申达集团有限公司	大 型	私营有限责任公司
江苏华宏实业集团有限公司	大 型	私营有限责任公司
江阴龙山集团公司	大 型	集体
江苏红柳床单有限公司	大 型	私营有限责任公司
江苏华西集团公司	大 型	集体
江阴模塑集团有限公司	大 型	私营有限责任公司
中船澄西船舶修造有限公司	大 型	其他有限责任公司
双良集团有限公司	大 型	其他有限责任公司
江阴江东集团公司	大 型	集体
江阴市创新气门嘴有限公司	大 型	其他有限责任公司
海澜集团有限公司	大 型	私营有限责任公司
江苏倪家巷集团有限公司	大 型	私营有限责任公司
江苏蝙蝠塑料集团有限公司	大 型	私营有限责任公司
江苏华士集团公司	大 型	集体
江苏康妮集团公司	大 型	私营有限责任公司
江苏阳光集团有限公司	大 型	其他有限责任公司
海润光伏科技股份有限公司	大 型	中外合资经营
江苏向阳集团有限公司	大 型	私营有限责任公司
江阴兴澄特种钢铁有限公司	大 型	与港澳台商合资经营
江苏利安达集团有限公司	大 型	港澳台商独资
江阴市天华纱业有限公司	大 型	私营有限责任公司

2015年大中型工业企业基本情况（二）

单位名称	单位规模	登记注册类型
江苏新长江实业集团有限公司	大型	其他有限责任公司
江阴海润太阳能电力有限公司	大型	私营有限责任公司
江阴市长乐新科技电源有限公司	大型	私营有限责任公司
江苏中泰桥梁钢构股份有限公司	大型	股份有限公司
江阴海达橡塑股份有限公司	大型	股份有限公司
江苏万翔集团有限公司	大型	私营有限责任公司
江苏新潮科技集团有限公司	大型	私营有限责任公司
江阴信邦电子有限公司	大型	港澳台商独资
江阴联通实业有限公司	大型	私营有限责任公司
瀚宇博德科技（江阴）有限公司	大型	港澳台商独资
江阴福汇纺织有限公司	大型	港澳台商独资
江苏法尔胜泓昇集团有限公司	大型	私营有限责任公司
江苏长强钢铁有限公司	大型	与港澳台商合资经营
江苏富仁集团有限公司	大型	私营有限责任公司
江苏吉鑫风能科技股份有限公司	大型	股份有限公司
江苏新扬子造船有限公司	大型	中外合资经营
江阴南泰家纺用品有限公司	大型	私营有限责任公司
无锡圣马科技有限公司	大型	其他有限责任公司
江苏爱康太阳能科技股份有限公司	大型	股份有限公司
江苏海达科技集团有限公司	大型	私营有限责任公司
中建钢构江苏有限公司	大型	国有
江苏焱鑫科技集团有限公司	大型	私营有限责任公司
江阴百合佳服装有限公司	中型	私营有限责任公司
江苏扬子江船厂有限公司	中型	外资企业

2015年大中型工业企业基本情况（三）

单 位 名 称	单位规模	登记注册类型
江阴美纶纱业有限公司	中 型	私营有限责任公司
江苏海陆科技股份有限公司	中 型	股份有限公司
江阴热电有限公司	中 型	其他有限责任公司
江阴市汇通印刷包装机械有限公司	中 型	其他有限责任公司
江阴绮星水泥有限公司	中 型	其他有限责任公司
江阴苏派服装集团有限公司	中 型	私营有限责任公司
江阴市兴源家用电器配件有限公司	中 型	私营有限责任公司
江阴市华骏机械有限公司	中 型	私营有限责任公司
江阴齿轮箱制造有限公司	中 型	其他有限责任公司
江阴市华盛印刷有限公司	中 型	私营有限责任公司
江阴市针织绒线有限公司	中 型	私营有限责任公司
江苏中煤矿山设备有限公司	中 型	私营有限责任公司
无锡共成交通器材有限公司	中 型	中外合资经营
江阴市黄山船舶配件有限公司	中 型	私营股份有限公司
江阴协统汽车附件有限公司	中 型	私营有限责任公司
江苏龙华集团有限公司	中 型	私营有限责任公司
江阴市茂达棉纺厂有限公司	中 型	私营有限责任公司
江阴市海江纱厂有限公司	中 型	私营有限责任公司
江苏瑰宝集团有限公司	中 型	私营有限责任公司
江阴市百舸有色金属材料有限公司	中 型	私营股份有限公司
江阴市天鹅制呢厂有限公司	中 型	私营有限责任公司
江苏霞客环保色纺股份有限公司	中 型	私营股份有限公司
江阴市华澄实业有限公司	中 型	其他有限责任公司
江阴市京澄玻璃有限公司	中 型	私营有限责任公司

2015年大中型工业企业基本情况（四）

单 位 名 称	单位规模	登记注册类型
中石油江苏燃料沥青有限责任公司	中 型	其他有限责任公司
江阴市液压油管有限公司	中 型	私营有限责任公司
江阴市高峰纺织印花有限公司	中 型	私营有限责任公司
江阴市利丰制版有限公司	中 型	私营有限责任公司
江苏苏利精细化工股份有限公司	中 型	私营有限责任公司
江阴市千里马电工材料有限公司	中 型	私营有限责任公司
江苏新达科技有限公司	中 型	私营有限责任公司
江苏苏青水处理工程集团有限公司	中 型	其他有限责任公司
江阴友利特家居用品有限公司	中 型	股份有限公司
江苏东鋆光伏科技有限公司	中 型	私营有限责任公司
江苏恒泽复合材料科技有限公司	中 型	私营有限责任公司
萨帕铝型材（江阴）有限公司	中 型	外资企业
江阴宝柏包装有限公司	中 型	港澳台商独资
江阴裕华铝业有限公司	中 型	中外合资经营
无锡海江印染有限公司	中 型	与港澳台商合资经营
无锡唐澄工艺品有限公司	中 型	外资企业
江苏华兰药用新材料股份有限公司	中 型	股份有限公司
江阴市比图特种纸板有限公司	中 型	与港澳台商合资经营
阿法拉伐（江阴）设备制造有限公司	中 型	港澳台商独资
凯澄起重机械有限公司	中 型	外资企业
帝斯曼工程塑料（江苏）有限公司	中 型	外资企业
江阴苏龙热电有限公司	中 型	中外合资经营
江阴日毛纺纱有限公司	中 型	外资企业
江阴加华新材料资源有限公司	中 型	中外合资经营

2015年大中型工业企业基本情况（五）

单　位　名　称	单位规模	登记注册类型
江阴市康源印染有限公司	中　型	私营有限责任公司
江阴市盛裕服饰塑制品有限公司	中　型	私营有限责任公司
江阴市华姿针织制衣厂	中　型	私营独资
江阴市新丰制衣有限公司	中　型	私营有限责任公司
江阴市南阳彩色纤维母粒有限公司	中　型	私营有限责任公司
贝卡尔特（中国）技术研发有限公司	中　型	港澳台商独资
江阴爱尔发服饰有限公司	中　型	私营有限责任公司
江阴市东亚包装有限公司	中　型	私营股份有限公司
江苏浩博新材料股份有限公司	中　型	股份有限公司
江阴市恒华机械有限公司	中　型	私营有限责任公司
江苏运高服饰有限公司	中　型	私营有限责任公司
江阴杜奥尔汽车用纺织品有限公司	中　型	外资企业
江阴信捷正电子有限公司	中　型	港澳台商独资
远景能源（江苏）有限公司	中　型	中外合资经营
江阴市彩虹印刷有限公司	中　型	私营有限责任公司
江苏澄阳投资集团有限公司	中　型	股份有限公司
江阴兴吴呢绒科技有限公司	中　型	私营有限责任公司
江阴市鸣朋纸业有限公司	中　型	私营有限责任公司
江阴市泰博电子科技股份有限公司	中　型	私营股份有限公司
江阴瀚鸿服饰有限公司	中　型	私营有限责任公司
江阴市文林针纺制衣有限公司	中　型	私营有限责任公司
江阴市工具厂	中　型	股份合作
江阴协和新型建材有限公司	中　型	私营股份有限公司
江阴天江药业有限公司	中　型	其他有限责任公司

2015年大中型工业企业基本情况（六）

单 位 名 称	单位规模	登记注册类型
江苏宝力重工科技有限公司	中 型	私营有限责任公司
江阴嘉思特车业有限公司	中 型	与港澳台商合资经营
江阴洋马制衣有限公司	中 型	与港澳台商合资经营
江阴挪赛夫玻璃钢有限公司	中 型	外资企业
江阴三林机械管件有限公司	中 型	私营有限责任公司
江阴长仪集团有限公司	中 型	其他有限责任公司
江阴市新明纺织有限公司	中 型	私营有限责任公司
江阴伟晟缝纫制品有限公司	中 型	中外合资经营
江阴市金泰纸业有限公司	中 型	私营有限责任公司
江阴市恒大纱业有限公司	中 型	私营有限责任公司
江苏新华发集团有限公司	中 型	私营有限责任公司
江阴鑫裕装潢材料有限公司	中 型	私营有限责任公司
江阴市亚光纺织有限公司	中 型	私营有限责任公司
江阴宏鑫制衣有限公司	中 型	私营有限责任公司
益诺威（江阴）电子有限公司	中 型	港澳台商独资
江阴市常新配件工业有限公司	中 型	私营有限责任公司
江阴宇杰制衣有限公司	中 型	私营有限责任公司
江阴双马服饰有限公司	中 型	外资企业
江阴市华富纺织制衣有限公司	中 型	私营有限责任公司
江阴市庆通制衣有限公司	中 型	私营有限责任公司
江阴市江海非织造布有限公司	中 型	私营有限责任公司
江阴市哲钢模塑有限公司	中 型	私营有限责任公司
江阴市第三铸造机械有限公司	中 型	私营有限责任公司
江阴康瑞不锈钢制品有限公司	中 型	与港澳台商合资经营

2015年大中型工业企业基本情况（七）

单　位　名　称	单位规模	登记注册类型
江阴市波尔曼针织服装有限公司	中　型	私营有限责任公司
江阴领先服装有限公司	中　型	中外合资经营
江苏裕华汽车零部件有限公司	中　型	私营有限责任公司
无锡市兆顺不锈中板有限公司	中　型	私营有限责任公司
无锡林科服饰有限公司	中　型	中外合资经营
江阴鑫联金属制品有限公司	中　型	私营有限责任公司
江阴大地装备股份有限公司	中　型	股份有限公司
江阴市江顺模具有限公司	中　型	私营有限责任公司
江阴市长泾宇恒印染有限公司	中　型	私营有限责任公司
无锡新世动力机械有限公司	中　型	中外合资经营
江阴通利光电科技有限公司	中　型	私营有限责任公司
江苏中印印务集团有限公司	中　型	私营有限责任公司
江阴市春蓝纺织有限公司	中　型	私营有限责任公司
江阴蒙羽服饰有限公司	中　型	与港澳台商合资经营
江阴市华晓纺织有限公司	中　型	私营有限责任公司
江阴市宏茂纺织有限公司	中　型	私营有限责任公司
江阴市万事兴汽车部件制造有限公司	中　型	私营有限责任公司
江阴杜奥尔科技有限公司	中　型	外资企业
江苏嘉盛新材料有限公司	中　型	私营有限责任公司
江阴市广业纺织有限公司	中　型	私营有限责任公司
江阴精亚集团有限公司	中　型	其他有限责任公司
江阴市宝元针织绒有限公司	中　型	私营有限责任公司
江阴新嘉美服饰有限公司	中　型	中外合资经营
江苏森森水族用品有限公司	中　型	私营有限责任公司

2015年大中型工业企业基本情况（八）

单位名称	单位规模	登记注册类型
江苏大娘食品有限公司	中型	私营有限责任公司
江阴东方港晟金属制品有限公司	中型	与港澳台商合资经营
江阴市永欣织染有限公司	中型	私营有限责任公司
江阴市茂源纺织有限公司	中型	私营有限责任公司
江阴市安基橡胶工业有限公司	中型	私营有限责任公司
江阴建邦铝业有限公司	中型	与港澳台商合资经营
江阴南工锻造有限公司	中型	私营有限责任公司
东亚化成科技（无锡）有限公司	中型	外资企业
无锡东纺服饰有限公司	中型	外资企业
江阴德玛斯特钻具有限公司	中型	中外合资经营
江阴中南重工股份有限公司	中型	中外合资经营
无锡嘉纺纺织服装有限公司	中型	外资企业
江阴市强力化纤有限公司	中型	私营有限责任公司
江阴东辰机械制造股份有限公司	中型	股份有限公司
江苏江南水务股份有限公司	中型	股份有限公司
江阴博帆机械制造有限公司	中型	其他有限责任公司
理想拉链（江苏）有限公司	中型	港澳台商独资
江阴润强合成材料有限公司	中型	中外合资经营
江阴海陆冶金设备制造有限公司	中型	其他有限责任公司
江阴市金利达堤坡防护工程有限公司	中型	私营有限责任公司
无锡早川电子有限公司	中型	中外合资经营
江阴华东装饰材料有限公司	中型	私营有限责任公司
江苏省振新实业有限公司	中型	私营有限责任公司
江阴南威塑业有限公司	中型	中外合作经营

2015年大中型工业企业基本情况（九）

单　位　名　称	单位规模	登记注册类型
江阴康丽服装有限公司	中　型	中外合资经营
江阴宗承钢铁有限公司	中　型	港澳台商独资
江阴赛胜新材料有限公司	中　型	私营有限责任公司
江阴[illegible]江钢结构有限公司	中　型	私营有限责任公司
江阴市友邦家居用品有限公司	中　型	私营有限责任公司
江阴升辉包装材料有限公司	中　型	与港澳台商合资经营
江阴申桦密封件有限公司	中　型	外资企业
江苏格尔顿传动有限公司	中　型	与港澳台商合资经营
升泰科电子（江阴）有限公司	中　型	外资企业
江阴嘉澜服饰有限公司	中　型	中外合资经营
江阴东达印染有限公司	中　型	与港澳台商合资经营
江阴市鸿萌橡塑制品有限公司	中　型	私营有限责任公司
江阴市宏泰钢制品有限公司	中　型	私营有限责任公司
江阴利港发电股份有限公司	中　型	与港澳台商合资经营
中建材浚鑫科技股份有限公司	中　型	股份有限公司
江苏安科瑞电器制造有限公司	中　型	私营有限责任公司
江苏中基复合材料有限公司	中　型	中外合资经营
江阴芗菲服饰有限公司	中　型	私营有限责任公司
江苏云蝠服饰股份有限公司	中　型	股份有限公司
江阴振宏重型锻造有限公司	中　型	私营有限责任公司
阿尔法（江阴）沥青有限公司	中　型	港澳台商独资
江苏标榜装饰新材料股份有限公司	中　型	与港澳台商合资经营
江苏国光重型机械有限公司	中　型	私营有限责任公司

综 合 能 耗 按 行 业 分

万元产值综合能耗（吨标准煤/万元）		
2015年	2014年	2015年比 2014年±%
0.252	0.262	−3.8
0.221	0.216	2.5
0.327	0.354	−7.8
0.122	0.125	−1.9
0.021	0.035	−40.7
0.077	0.093	−16.5
0.009	0.025	−63.0
0.042	0.030	39.7
0.149	0.217	−31.3
0.064	0.060	6.9
0.118	0.142	−16.8
0.155	0.135	14.4
0.099	0.108	−8.1
0.064	0.069	−6.7
0.189	0.160	18.2
0.076	0.076	−0.1
0.123	0.108	13.8
0.579	0.522	10.9
0.083	0.089	−6.8
0.088	0.071	23.1
0.044	0.041	7.5
0.058	0.054	8.2
0.031	0.032	−1.5
0.027	0.021	30.2
0.058	0.069	−16.9
0.091	0.093	−2.4
0.019	0.019	−1.0
0.249	0.189	31.6
4.389	4.403	−0.3
0.001	0.001	−23.0
0.115	0.115	−0.2

规模以上工业企业综合能耗

	综合能源消费量（吨标准煤）		
	2015年	2014年	2015年比2014年±%
合计	14545638	14897863	-2.4
高 新 区	3604530	3526461	2.2
临港开发区	5773100	6336985	-8.9
靖江园区	801919	744599	7.7
澄江街道	299734	305123	-1.8
南闸街道	45250	44043	2.7
云亭街道	133551	167308	-20.2
月 城 镇	145199	149087	-2.6
青 阳 镇	47351	56748	-16.6
徐霞客镇	228003	246934	-7.7
华 士 镇	1351221	1272576	6.2
周 庄 镇	1485660	1374885	8.1
新 桥 镇	190366	226204	-15.8
长 泾 镇	243458	251437	-3.2
顾 山 镇	107709	106816	0.8
祝 塘 镇	88589	88657	-0.1

按开放园区、镇（街道）分

万元产值综合能耗（吨标准煤/万元）		
2015年	2014年	2015年比 2014年±%
0.252	0.262	−3.8
0.387	0.384	0.6
0.463	0.532	−13.0
0.522	0.397	31.4
0.096	0.098	−2.1
0.050	0.049	2.1
0.082	0.106	−22.2
0.235	0.211	11.6
0.068	0.069	−2.2
0.088	0.096	−8.8
0.189	0.181	4.3
0.172	0.160	7.1
0.034	0.043	−20.9
0.289	0.290	−0.1
0.108	0.109	−0.7
0.056	0.058	−2.5

工业企业能源购进、消费及库存

能源名称	计量单位	年初库存量	全年购进量	全年消费量			期末库存量
				合计	1.工业生产消费	2.非工业生产消费	
原煤	吨	1069138	14516944	14952095	14913417	38678	629152
洗精煤	吨	43321	939788	953788	953788		29321
其他洗煤	吨	51956	2771154	2493690	2493690		329420
焦炭	吨	64286	3249105	3268009	3268009		45380
高炉煤气	万立方米		24301	848000	848000		
转炉煤气	万立方米			54976	54976		
天然气	万立方米		43346	43348	43178	170	
液化天然气	吨	7	2169	1987	1971	16	189
天然原油	吨	37788	2042632	2028369	2028369		52052
汽油	吨	44	5062	5136	2881	2255	42
煤油	吨	16	113	127	127		12
柴油	吨	1537	24351	24232	18801	5431	1659
燃料油	吨	15704	26909	36498	36498		6042
液化石油气	吨		492	502	476	26	
润滑油	吨	6	270	299	299		3
石蜡	吨		29	29	29		
溶剂油	吨		7	7	7		
石油沥青	吨	140	88082	87231	87231		992
其他石油制品	吨		520	520	520		
热力	百万千焦		24257118	35364603	34751740	612864	
电力	万千瓦时		1585529	1889987	1877989	11997	
煤矸石用于燃料	吨			69	69		
城市生活垃圾用于燃料	吨			419007	419007		
生物质废料用于燃料	吨		793	793	793		
能源合计	吨标准煤			23753602	23676127	77474	

第 五 篇

固定资产投资篇

全社会固定资产投资完成情况

单位：万元

	2015年	2014年	± %
全社会固定资产投资总额	11285870	10459732	7.9
其中：民营投资	8164335	8068691	1.2
占全社会比重%	72.3	77.1	(－) 4.8
其中：私个投资	4246284	3598953	18.0
占全社会比重%	37.6	34.4	(＋) 3.2
其中：省口径城镇投资	9024701	8616233	4.7
一、按产业分组	11285875	10459732	7.9
其中：第一产业	66816	107460	–37.8
第二产业	5145802	4785517	7.5
#工业	5145802	4785517	7.5
占全社会比重%	45.6	45.8	(－) 0.2
第三产业	6073252	5566755	9.1
占全社会比重%	53.8	53.2	(＋) 0.6
二、按报表种类分组			
(一) 项目投资	8681949	7170609	21.1
其中：民营投资	5781606	4926706	17.4
其中：私个投资	3143973	1819278	72.8
1、城镇投资	6420775	5327110	20.5
2、农村投资	2261174	1843499	22.7
(二) 房地产开发投资	2603921	3289123	–20.8
占全社会比重%	23.1	31.4	(－) 8.3
其中：民营投资	2382729	3141985	–24.2
其中：私个投资	1102311	1779675	–38.1

固定资产投资项目完成情况（一）

（不含房地产开发）　　单位：万元

	本年完成投资	按构成分：			
		建筑工程	安装工程	设备工器具购置	其他费用
合计	8681949	3700463	404200	4391596	185690
一、按登记注册类型分					
内　　资	7538615	3582471	309618	3471956	174570
国有企业	1462893	1261625	88873	71375	41020
集体企业	617694	520929	8310	73645	14810
股份合作企业	10000	10000			
联营企业	2623	2623			
142.集体联营	2623	2623			
有限责任公司	1929442	1005120	27884	845044	51394
151 国有独资公司	188861	164060	1079	23722	
159.其他有限责任公司	1740581	841060	26805	821322	51394
股份有限公司	251658	78286	4265	158257	10850
私营企业	3118973	605838	176054	2284585	52496
171.私营独资企业	299199	7906	669	289674	950
172.私营合伙企业	29585	18285	500	2800	8000
173.私营有限责任公司	2575081	485847	168683	1877005	43546
174.私营股份有限公司	215108	93800	6202	115106	
其他企业	145332	98050	4232	39050	4000
港澳台商投资	813670	90892	69542	644716	8520
210 合资经营企业	530029	52792	42993	427724	6520
230 港,澳,台商独资经营企业	195641	38100	8549	146992	2000
240 港,澳,台商投资股分有限公司	88000		18000	70000	
外商投资	304664	17600	23540	263424	100
310.合资经营	171936	5350	8650	157936	
320.合作经营	5100			5100	
330.独资	122048	11750	14270	95928	100
340.股份有限	5580	500	620	4460	

固定资产投资项目完成情况（二）

（不含房地产开发） 单位：万元

	本年完成投资	按构成分：			
		建筑工程	安装工程	设备工器具购置	其他费用
个体经营	25000	9500	1500	11500	2500
410个体户	13700	9500	1400	300	2500
420个人合伙	11300		100	11200	
二、按产业分					
1、第一产业	66816	54536	1840	3360	7080
2、第二产业	5145802	871473	258262	3971921	44146
工业	5145802	871473	258262	3971921	44146
其中：能源工业	349175	15802	40478	292845	50
原材料工业	1032868	338609	45462	645376	3421
机电工业	2619771	232518	120551	2239552	27150
轻纺工业	939339	260813	43511	624640	10375
轻工业	885269	248013	36461	590420	10375
重工业	4170323	606125	220171	3310906	33121
3、第三产业	3469331	2774454	144098	416315	134464
三、按国民经济行业分					
第一产业	66816	54536	1840	3360	7080
A.农、林、牧、渔业	66816	54536	1840	3360	7080
农业	27795	22885	1700	910	2300
林业	13305	12855		450	
畜牧业	3000	2300		700	
渔业	9500	6700		300	2500
农、林、牧、渔服务业	13216	9796	140	1000	2280
第二产业	5145802	871473	258262	3971921	44146
C.制造业	4775877	853116	217784	3662031	42946
农副食品加工业	1300		150	1150	
纺织业	359145	91780	14501	252034	830
纺织服装、服饰业	122705	58837	970	61298	1600

固定资产投资项目完成情况（三）

（不含房地产开发）

单位：万元

	本年完成投资	按构成分：			
		建筑工程	安装工程	设备工器具购置	其他费用
皮革、毛皮、羽毛及其制品和制鞋业	8010			8010	
木材加工和木、竹、藤、棕、草制品业	21560	10500	6060	5000	
家具制造业	45481	26256	400	14710	4115
造纸及纸制品业	25445	4050	6895	14500	
印刷和记录媒介复制业	31029	7500	4645	18084	800
文教、工美、体育和娱乐用品制造业	1790	100	200	1490	
化学原料及化学制品制造业	550151	267650	51	282150	300
医药制造业	6340	2570		2790	980
化学纤维制造业	211940	42350	4800	163740	1050
橡胶和塑料制品业	278443	37946	12850	224647	3000
非金属矿物制品业	80850	37744	7	40078	3021
黑色金属冶炼及压延加工业	269266	21850	42052	205364	
有色金属冶炼及压延加工业	120501	10665	2852	106884	100
金属制品业	603247	47628	36239	519330	50
通用设备制造业	341277	43245	25607	261425	11000
专用设备制造业	180926	32420	14625	127981	5900
汽车制造业	787043	47850	15319	719474	4400
铁路、船舶、航空航天和其他运输设备制造业	113385	9850	10650	92885	
电气机械和器材制造业	241905	28875	11433	197697	3900
计算机、通信和其他电子设备制造业	345688	22450	6678	315660	900
仪器仪表制造业	6300	200		5100	1000
废弃资源综合利用业	12100	700	500	10900	
金属制品、机械和设备修理业	10050	100	300	9650	
D.电力、燃气及水的生产和供应业	369925	18357	40478	309890	1200
电力、热力生产和供应业	305923	4050	38078	263745	50
燃气生产和供应业	43252	11752	2400	29100	
水的生产和供应业	20750	2555		17045	1150
第三产业	3469331	2774454	144098	416315	134464

固定资产投资项目完成情况（四）

（不含房地产开发）　　　　单位：万元

	本年完成投资	按构成分：			
		建筑工程	安装工程	设备工器具购置	其他费用
F.批发和零售业	147628	125128		12000	10500
批发业	99528	99528			
零售业	48100	25600		12000	10500
G.交通运输、仓储和邮政业	530325	212873	39202	266400	11850
道路运输业	2623	2623			
水上运输业	335982	148130	18602	157400	11850
管道运输业	74500	40200		34300	
装卸搬运和运输代理业	3800		300	3500	
仓储业	113420	21920	20300	71200	
H.住宿和餐饮业	13160	11760	1400		
住宿业	11760	11760			
餐饮业	1400		1400		
I.信息传输、软件和信息技术服务业	71592	23792	1000	45800	1000
互联网和相关服务	6000		1000	4000	1000
软件和信息技术服务业	65592	23792		41800	
J.金融业	1750	1400			350
货币金融服务	1750	1400			350
K.房地产业	620125	580945	26780		12400
房地产业	620125	580945	26780		12400
L.租赁和商务服务业	24000	15600			8400
商务服务业	24000	15600			8400
M.科学研究和技术服务业	97600	10540		85840	1220
研究与试验发展	19800	1740		16840	1220
专业技术服务业	77800	8800		69000	
N.水利、环境和公共设施管理业	1637245	1502995	48926		85324
水利管理业	147127	147127			
生态保护和环境治理业	10205	10205			
公共设施管理业	1479913	1345663	48926		85324

固定资产投资项目完成情况（五）

（不含房地产开发）　单位：万元

	本年完成投资	按构成分:			
		建筑工程	安装工程	设备工器具购置	其他费用
O.居民服务、修理和其他服务业	90200	59800	25100	2500	2800
居民服务业	25100		25100		
其他服务业	65100	59800		2500	2800
P.教育	25252	21367	1190	2575	120
教育	25252	21367	1190	2575	120
Q.卫生和社会工作	86494	85294		1200	
卫生	86494	85294		1200	
R.文化、体育和娱乐业	109920	109920			
广播、电视、电影和影视录音制作业	11500	11500			
文化艺术业	25700	25700			
体育	72720	72720			
S.公共管理、社会保障和社会组织	14040	13040	500		500
国家机构	6000	5500	500		
基层群众自治组织	8040	7540			500
四、按隶属关系分					
10 中央	11835		1035	10800	
50 县（县级市）	576489	526089	500	9900	40000
90 其他	8093625	3174374	402665	4370896	145690
五、按建设性质分					
1.新建	2938504	1866123	91217	885754	95410
2.扩建	3429400	1346846	230132	1796978	55444
3.改建和技术改造	1665735	466809	71990	1114600	12336
4.迁建	97889	20685	10861	43843	22500
5.单纯购置	550421			550421	
六、按建设阶段分					
1.本年正式施工	8129628	3699463	403300	3841175	185690
2.单纯购置	550421			550421	
七、按控股情况分					

固定资产投资项目完成情况（六）

（不含房地产开发） 单位：万元

	本年完成投资	按构成分：			
		建筑工程	安装工程	设备工器具购置	其他费用
1.国有控股	1799169	1496740	95512	121897	85020
2.集体控股	1085619	712502	25412	319045	28660
3.私人控股	5035601	1400779	221130	3344902	68790
4.港澳台商控股	497588	63290	38266	392912	3120
5.外商控股	263972	27152	23880	212840	100
八、按期末建设状态分					
1.在建	1790369	1294465	35119	377285	83500
2.全部投产	6891580	2405998	369081	4014311	102190
九、按城乡分组分					
1.城镇	6406777	2427734	315648	3521121	142274
2.农村	2261174	1267229	88052	863677	42216
十、按项目级别分					
1.市级重点项目	176600	68050		102050	6500
2.县区级重点项目	441223	320150	300	86573	34200
3.其他	8064126	3312263	403900	4202973	144990
十一、按园区属性分					
1.国家级	1395200	148290	36510	1156030	54370
2.省级	126400	67550		58850	
3.县(区)级	81100	57100			24000
4.乡镇级	1221814	484480	25020	696408	15906
5.其他	3510015	1291876	298002	1871197	48940
6.非园区	2347420	1651167	44668	609111	42474
十二、扩大内需情况					
1.国家级	77100	64850	40	8410	3800
十三、政府性投资					
1.市级	32835	30735			2100
2.县（区）级	1099896	937225	78576	2575	81520
3.其他	7549218	2732503	325624	4389021	102070

本年投资规模结构状况

（不含房地产开发）

单位：万元

计划投资规模	本年完成	建筑	安装	设备	其他
合计	8681949	3700463	404200	4391596	185690
1000万以下	70251	14165	2585	53301	200
1000~3000	335627	92427	21205	213051	8944
3000~5000	562283	189636	54364	310668	7615
5000~10000	1250974	499168	54711	684170	12925
10000~100000	4427186	2094182	220285	1999913	112806
100000以上	2035628	810885	51050	1130493	43200

固定资产投资效果情况

（不含房地产开发）

	单　位	增　幅
固定资产投资率	%	30.14
建设项目投产率	%	85.55
固定资产交付使用率	%	89.61
房屋建筑面积竣工率	%	66.79

固定资产投资按开放园区、镇（街道）分

单位：万元

	本年完成投资额	一产	二产	三产	库里三产	#房地产开发
全市合计	11285870	66816	5145802	6073252	3469331	2603921
高新区	1855727		1035100	820627	360100	460527
临港开发区	3485030		2225350	1259680	1100425	159255
靖江园区	145533		78500	67033	47900	19133
澄江街道	1396029		18532	1377497	101000	1276497
南闸街道	89663	8600	60010	21053		21053
云亭街道	407616		135130	272486	116122	156364
月城镇	178144	3000	84845	90299	27100	63199
青阳镇	286239	8600	157400	120239	23650	96589
徐霞客镇	426216	15200	230676	180340	107652	72688
华士镇	445238		239440	205798	204310	1488
周庄镇	579782	8850	300505	270427	237130	33297
新桥镇	395152		137032	258120	160700	97420
长泾镇	234686	9708	121448	103530	45120	58410
顾山镇	279635	4558	140834	134243	88770	45473
祝塘镇	317358	8300	181000	128058	85530	42528
市属	763822			763822	763822	

全市房地产开发投资主要指标（一）

	计量单位	2015年	2014年
一、本年完成投资	万元	2603921	3289123
构成：建筑工程	万元	1920881	2130189
安装工程	万元	277060	305621
设备工器具购置	万元	18525	9571
其他费用	万元	387455	843742
其中：土地购置费	万元	286517	756513
用途：住宅	万元	1814867	2524440
办公楼	万元	224061	106283
商业营业用房	万元	351573	414792
其他	万元	213420	243608
二、房屋施工面积	万平方米	1727.25	1673.39
其中：新开工面积	万平方米	310.61	543.79
用途：住宅	万平方米	1294.30	1289.08
办公楼	万平方米	76.82	55.92
商业营业用房	万平方米	248.60	222.85
其他	万平方米	107.54	105.54
三、房屋竣工面积	万平方米	346.00	168.30
用途：住宅	万平方米	278.02	125.94
办公楼	万平方米	10.32	0.51
商业营业用房	万平方米	32.00	23.78
其他	万平方米	25.66	18.07
四、竣工房屋价值	万元	1291756	499393

全市房地产开发投资主要指标（二）

	计量单位	2015年	2014年
用途：住宅	万元	1038803	369546
办公楼	万元	32713	972
商业营业用房	万元	131208	84575
其他	万元	89032	44300
五、商品房销售面积	万平方米	211.51	190.47
其中：现房	万平方米	68.71	58.23
期房	万平方米	142.80	132.24
用途：住宅	万平方米	177.54	164.48
办公楼	万平方米	11.36	5.02
商业营业用房	万平方米	22.56	19.66
其他	万平方米	0.06	1.31
六、商品房销售额	万元	1491959	1262312
其中：现房	万元	484234	369914
期房	万元	1007725	892398
用途：住宅	万元	1195957	1012501
办公楼	万元	78293	43419
商业营业用房	万元	217468	200820
其他	万元	241	5572
七、出租房屋面积	万平方米	0.18	14.45
八、空置面积	万平方米	246.40	203.93
其中：住宅	万平方米	182.68	146.12

建筑业企业生产情况

	单 位	2015年	2014年
建筑业总产值	万元	1091581	1228145
其中：在外省完成的产值	万元	41732	19027
装饰装修产值	万元	74204	66867
1.建筑工程产值	万元	967110	1133051
2.安装工程产值	万元	89250	80988
3.其他产值	万元	35220	14106
竣工产值	万元	1195417	1068886
房屋建筑施工面积	万平方米	1037.85	1190.39
其中：本年新开工面积	万平方米	316.64	436.67
其中：投标承包面积	万平方米	946.84	1112.14
房屋建筑竣工面积	万平方米	480.32	467.07
1.住宅房屋	万平方米	321.10	303.53
2.商业及服务用房屋	万平方米	22.79	29.07
3.办公用房屋	万平方米	8.28	15.91
4.科研、教育、医疗用房屋	万平方米	12.53	6.65
5.文化、体育、娱乐用房屋	万平方米		
6.厂房及建筑物	万平方米	102.83	104.72
7.仓库	万平方米	11.19	4.86
8.其他未列明的房屋建筑物	万平方米	1.61	2.33
自有机械设备年末总台数	台	9924	–
自有机械设备年末总功率	万千瓦	30.29	–
自有机械设备净值	万元	48144.60	–
计算建筑业全员劳动生产率的平均人数	人	46820	52415
期末从业人数	人	43566	45209
其中：工程技术人员	人	7300	9139

建筑业企业财务状况

	单 位	2015年	2014年
年末流动资产	万元	1331605	1216437
其中：应收工程款	万元	275367	333052
年末固定资产原值	万元	252799	234122
累计折旧	万元	129224	110967
其中：本年折旧	万元	13331	10824
资产合计	万元	1591719	1473305
负债合计	万元	985105	928067
所有者权益	万元	606614	545237
其中：实收资本	万元	253938	243604
主营业务收入	万元	1215744	1304891
主营业务成本	万元	1033578	1070444
主营业务税金及附加	万元	41071	44808
营业利润	万元	82803	76764
其他业务利润	万元	23	5264
管理费用	万元	39722	38225
其中：税金	万元	2880	1972
财务费用	万元	10008	11326
其中：利息支出	万元	6817	12001
利润总额	万元	85103	76110
其中：应交所得税	万元	21006	20062
应付职工薪酬	万元	225295	218229

第六篇

交通运输邮电水电篇

公路桥梁及航道情况

	单　位	2015年	2014年
一、年末公路通车里程	公里	2363.8	2363.5
1. 按干线、县乡道分			
国道	公里	33.8	33.8
省道	公里	212.1	212.1
县道	公里	321.8	321.5
乡道	公里	766.2	766.2
村道	公里	1029.9	1029.9
2. 按路面标准分			
高级、次高级	公里	2363.8	2363.5
中级	公里	—	—
低级	公里	—	—
二、公路桥梁数量	座	827	906
其中：国道	座	29	29
公路桥梁长度	米	56435.11	64446.57
其中：国道	米	11031.74	11031.74
三、内河航运通航里程	公里	394.55	394.55
其中：通机动船里程	公里	394.55	394.55
其中：水深1米以上	公里	394.55	394.55
四、本年经常养护公路	公里	2330	2329.7
本年经常养护航道	公里	394.55	394.55
五、通航船闸(江阴船闸)	座	2	2
全年过闸费收入	万元	4410.52	4721.23
过闸船舶吨位	万吨	10235.34	10982.10
过闸货物量	万吨	5335.09	5690.78
六、长博公司客渡量	万人	44	48.19

客 货 运 输 量 情 况

	运量（客：万人）（货：万吨）		周转量（客：万人公里）（货：万吨公里）	
	2015年	2014年	2015年	2014年
一、旅客运输	7119	7490	155533	94728
其中：公路	433	501	115418	52793
二、货物运输	4021	3874	1956485	1860420
其中：公路	2833	2871	317745	304240
水路	1188	1003	1638740	1556180

港 口 运 输 情 况

	单　位	2015年	2014年	2015年比 2014年 ± %
一、港口货物吞吐量	万吨	12601.76	12462.25	1.1
其中：外贸运量	万吨	1537.95	1333.25	15.4
二、港口集装箱运量	标箱	457352	522482	-12.5
三、长江轮渡车辆通过量	万辆	308.89	296.92	4.0
1. 本市轮渡	万辆	203.43	194.02	4.9
2. 靖江轮渡（单向）	万辆	105.46	102.9	2.5

注：根据交通部要求，为避免数据重复，江阴-靖江园区吞吐量由泰州港统计，不再计入江阴港统计范围，增幅为去除江阴-靖江园区因素后的同口径计算结果。

全社会车辆拥有情况

单位：辆

	2015年	2014年
年末车辆合计	452331	418849
一、汽车	369916	323580
其中：私人自备车	315966	270622
（一）大型汽车	13171	14411
（二）小型汽车	358439	305177
（三）外籍汽车	3	12
（四）低速车	252	157
（五）挂车	2013	2042
（六）教练车	941	820
（七）警车	229	277
二、摩托车	81180	95269
（一）三轮摩托车	14190	10997
（二）二轮摩托车	66868	84061
（三）轻便摩托车	122	211
三、农用车（农机年报数）	304	310
四、拖拉机（农机年报数）	966	947
（一）大中型拖拉机	685	668
其中：轮式拖拉机	684	668
（二）小型拖拉机	281	279

注：警车中只包括公安部门的警车，不包括法院、检查院等的警车。

全社会船舶数

	单　位	2015年	2014年
船舶数合计	艘	85	81
一、机动船	艘	64	61
载重量	吨位	546638	526337
功　率	千瓦	91405	86836
1. 货船	艘	55	50
载重量	吨位	540634	519003
功率	千瓦	88478	83289
2. 油船	艘	9	11
载重量	吨位	6004	7334
功率	千瓦	2927	3547
二、货　驳	艘	6	6
载重量	吨位	5541	5541
三、汽车渡船	艘	15	13
载车辆	车位	402	318

电 信 业 情 况

	单 位	2015年	2014年
本地电话交换设备容量	万门	39	85
本市固定电话用户合计	万户	36.0	45.2
其中：住宅电话	万户	23.9	27.5
1.城市固定电话用户	万户	11.6	13.3
其中：住宅电话	万户	8.3	8.9
2.农村固定电话用户	万户	22.0	29.3
其中：住宅电话	万户	15.6	18.6
3.公用电话用户	万户	2.4	2.6
4.互联网用户	万户	52.1	45.31
其中：宽带网用户	万户	52.1	45.31

邮 政 业 情 况

	单　位	2015年	2014年	2015年比2014年±%
一、邮政局、所总计	处	33	33	—
其中：设在农村	处	28	28	—
其中：电子化支局、所	处	32	32	—
其中：自办局、所	处	33	33	—
代办所	处	—	—	—
二、邮路总长度	公里	495	506	-2.2
三、农村投递路线	公里	4046	4046	—
四、邮政业务总量	万元	17622	15490	13.8
特快专递	万件	9.51	15.94	-40.3
集邮业务	万件	295	272.47	8.3
五、邮政业务总收入	万元	27234	21350	27.6
六、邮政储蓄年平均余额	万元	595272	546512.03	8.9
七、邮政储蓄点	处	28	27	3.7

移 动 通 信 业 情 况

	单　位	2015年	2014年
一、移动通信业务收入	万元	174689	170125.27
二、在网手机用户总量	户	2270020	2287606
三、在网净增手机用户	户	-30057	-40551
四、移动通信用户普及率	户/百人	138.69	139.94

全市供电用电情况

单位：万千瓦时

	2015年	2014年	2015年比2014年±%
一、发购电量总计	2366895	2389066	–0.9
其中：发电量	328347	330522	–0.7
二、全社会用电量	2355975	2378734	–1.0
（一）农林牧渔业	5189	4384	18.4
其中：排灌	1310	1051	24.6
（二）工业	2084699	2120875	–1.7
其中：轻工业	737053	712326	3.5
重工业	1347646	1408549	–4.3
其中：纺织业	461274	429444	7.4
化学原料及化学制品制造业	83631	78908	6.0
黑色金属冶炼及压延加工业	399153	467024	–14.5
非金属矿物制品业	38891	40300	–3.5
金属制品业	266224	277631	–4.1
通用及专用设备制造业	116155	118619	–2.1
（三）建筑业	8161	11425	–28.6
（四）交通运输、仓储和邮政业	14588	11930	22.3
（五）商业、住宿和餐饮业	45949	44773	2.6
（六）其他行业	71676	65969	8.7
（七）城乡居民生活用电	125713	119378	5.3
其中：农村	93316	87999	6.0

各开放园区、镇（街道）用电量

单位：万千瓦时

	2015年	2014年	2015年比2014年±%
高　新　区	463032	470450	-1.6
临港开发区	316024	309513	2.1
靖江园区			
澄江街道	180768	167972	7.6
南闸街道	33862	36554	-7.4
云亭街道	89459	94844	-5.7
月　城　镇	64001	81015	-21.0
青　阳　镇	63427	69463	-8.7
徐霞客镇	138968	144182	-3.6
华　士　镇	284388	294635	-3.5
周　庄　镇	363696	352609	3.1
新　桥　镇	78236	67058	16.7
长　泾　镇	68090	72347	-5.9
顾　山　镇	61895	67387	-8.1
祝　塘　镇	68987	71046	-2.9

江苏江南水务股份有限公司供水情况（一）

	单位	2015年	2014年
一、供水情况			
供水量	万立方米	25555.29	25101.67
年度最高日供水量	万立方米	83.1	79.76
年度平均日供水量	万立方米	70.01	68.77
人均年供水量	万立方米	32.51	32.81
售水量	万立方米	23795.48	23182.39
其中：工业	万立方米	9380.62	9038.93
生活	万立方米	14414.86	14143.46
人均日用水量（含工业）	升/人、日	536	542
人均日用水量（纯生活）	升/人、日	286	289
水质综合合格率	%	100	100
供水普及率	%	98.70	96.30
其中：市区普及率	%	100	100

江苏江南水务股份有限公司供水情况（二）

	单位	2015年	2014年
二、用水情况			
全市用水人口	万人	121.61	117.23
用水户数	户	480875	441780
其中：单位	户	27505	25043
单表	户	453370	416737
本年发展户数	户	39095	51982
其中：单位	户	2462	1313
单表	户	36633	50669
基本水价（含税）	元/立方米	1.53	1.54
其中：工业	元/立方米	1.62	1.62
生活	元/立方米	1.26	1.26
dn100以上管网总长度	公里	2898.8	2817.3

第七篇

批零住餐和规上服务业篇

社会消费品零售总额

单位：万元

	2015年	2014年	2015年比 2014年±%
社会消费品零售总额	7051630	6430659	9.7
一、按销售单位所在地分			
1、城镇	5122375	4653666	10.1
其中：城区	3969475	3571218	11.2
2、乡村	1929256	1776993	8.6
二、按行业分			
1、批发和零售业	6649416	6069430	9.6
2、住宿和餐饮业	402214	361229	11.3
三、按规模分			
1、限额以上	2299934	2177401	5.6
2、限额以下企业和个体	4751697	4253259	11.7

分季度商品销售额、营业额和社会消费品零售总额

单位：万元

	2015年	2014年	2015年比2014年±%
一、批发和零售业商品销售额			
一季度累计	12002443	10635956	12.8
二季度累计	24209112	21525968	12.5
三季度累计	35101327	31728661	10.6
四季度累计	47091327	42411547	11.0
二、住宿和餐饮业营业额			
一季度累计	172100	153812	11.9
二季度累计	315189	281944	11.8
三季度累计	467662	417758	11.9
四季度累计	636629	564700	12.7
三、社会消费品零售总额			
一季度累计	1783855	1637254	9.0
二季度累计	3451505	3144665	9.8
三季度累计	5111686	4674316	9.4
四季度累计	7051630	6430659	9.7

亿元以上商品交易市场成交情况

	年末出租摊位数（个）	成交额（万元）
总计	7269	11648335
1、粮油、食品类	722	415195
2、饮料类	7	2100
3、烟酒类	9	3815
4、服装、鞋帽、针纺织品类	1325	278723
5、化妆品类	15	2150
6、金银珠宝类	3	100
7、日用品类	250	8210
8、五金、电料类	90	15095
9、体育、娱乐用品类	5	150
10、书报杂志类	1	2
11、电子出版物和音像制品类	3	80
12、家用电器和音像器材类	10	1510
13、中西药品类	2	20
14、文化办公用品类	5	809
15、家具类	55	13232
16、通讯器材类	1	20
17、煤炭及制品类	62	492978
18、化工材料及制品类	698	3930726
19、金属材料类	3578	6436040
20、建筑及装潢材料类	428	47380

限额以上批发和零售业商品销售情况（一）

单位：万元

	商品购进总额	商品销售总额	年末商品库存总额
总　计	21378446	23620727	1671664
一、批发业	20229309	22348663	1550776
其中：国有控股	204923	482396	1722
1、按登记注册类型分组			
内资企业	19875280	21951034	1490901
国有企业	38479	40520	1602
集体企业	60679	60808	670
股份合作企业			
联营企业			
有限责任公司	6243407	6570600	472934
股份有限公司	258607	540322	9830
私营企业	12883501	14281782	1004368
其他企业	390607	457001	1498
港、澳、台商投资企业	168221	177967	56852
外商投资企业	185808	219663	3023
2、按国民经济行业分组			
农、林、牧产品批发	56219	56872	684
食品、饮料及烟草制品批发	49009	52993	7189
纺织、服装及家庭用品批发	3789818	3866467	1014795
文化、体育用品及器材批发	442550	555123	21567
医药及医疗器材批发	176441	184502	16007
矿产品、建材及化工产品批发	13990231	15802450	447807
机械设备、五金产品及电子产品批发	805872	814759	15656
贸易经纪代理	592612	671916	8557
其他批发业	326557	343582	18514

限额以上批发和零售业商品销售情况（二）

单位：万元

	商品购进总额	商品销售总额	年末商品库存总额
二、零售业	1149137	1272064	120888
其中：国有控股	57950	39777	8861
1、按经济注册类型分组			
内资企业	1099197	1225946	115399
国有企业			
集体企业	7834	8837	301
股份合作企业			
联营企业			
有限责任公司	259359	273932	42750
股份有限公司	17433	19326	4101
私营企业	814572	923850	68247
港、澳、台商投资企业	49940	46118	5489
2、按国民经济行业分组			
综合零售	250063	308300	27542
食品、饮料及烟草制品专门零售	10335	13665	3512
纺织、服装及日用品专门零售	25930	33029	9197
文化、体育用品及器材专门零售	37243	21325	8208
医药及医疗器材专门零售	9594	19243	1511
汽车、摩托车、燃料及零配件专门零售	766677	824223	69010
家用电器及电子产品专门零售	41984	44616	1401
五金、家具及室内装饰材料专门零售	236	304	38
货摊、无店铺及其他零售业	7075	7360	468

限额以上住宿和餐饮业经营情况

单位：万元

	营业总收入				
		客房收入	餐费收入	商品销售收入	其他收入
总计	125346	25002	91518	1193	7634
一、住宿业	49758	14013	29892	143	5711
二、餐饮业	75588	10989	61626	1050	1923

限额以上批发和零售业、住宿

	资产合计	负债合计	所有者权益合计
总　计	9402915	8463949	938966
一、批发业	8858281	8048870	809411
其中：国有控股	137205	79362	57843
1、按登记注册类型分组			
内资企业	8606405	7943879	662526
国有企业	9637	3731	5906
集体企业	13750	4159	9591
股份合作企业			
联营企业			
有限责任公司	3170357	2765583	404774
股份有限公司	145905	88549	57356
私营企业	4944133	4736888	207246
其他企业	322624	344969	-22346
港、澳、台商投资企业	197406	83106	114300
外商投资企业	54471	21886	32585
2、按国民经济行业分组			
农、林、牧产品批发	38120	44228	-6107
食品、饮料及烟草制品批发	19392	15091	4301
纺织、服装及家庭用品批发	2629076	2431355	197722
文化、体育用品及器材批发	215522	165822	49699
医药及医疗器材批发	93986	60849	33137
矿产品、建材及化工产品批发	5099237	4600957	498279
机械设备、五金产品及电子产品批发	603855	573960	29895
贸易经纪代理	64324	67438	-3114
其他批发业	94769	89170	5599

和餐饮业企业主要经济指标（一）

单位：万元

主营业务收入	主营业务成本	销售费用	管理费用	财务费用	利润总额
20040832	19257783	236233	154729	113880	312045
18962681	18283846	190526	113855	105200	278315
345494	317205	13651	4632	1172	9344
18625533	17965282	189451	106498	100474	272850
18992	17328	-6	790	86	1160
49533	47414	71	276	1	1729
5666325	5468211	37831	34915	24987	112806
463541	442512	13868	2753	1070	2883
12036543	11599210	137687	67693	70734	157948
390599	390607		72	3596	-3676
149376	134823	597	7278	4524	2214
187772	183741	477	79	202	3251
50177	50177		47	333	-380
46266	44032	494	942	620	251
3428628	3024839	31175	40226	11049	319109
221724	200858	7160	2153	6620	6778
140170	126384	4459	5346	938	3061
13505772	13284546	138784	59799	78020	-41403
783797	776708	2099	2633	-821	-1839
488816	486072	1819	725	5269	-5121
297331	290229	4537	1985	3171	-2141

限额以上批发和零售业、住宿

	资产合计	负债合计	所有者权益合计
二、零售业	544633	415079	129554
其中：国有控股	25524	23598	1927
1、按经济注册类型分组			
内资企业	527744	407996	119748
国有企业			
集体企业	1589	915	674
股份合作企业			
联营企业			
有限责任公司	157920	108722	49198
股份有限公司	10690	6130	4560
私营企业	357546	292229	65317
其他企业			
港、澳、台商投资企业	16890	7083	9806
2、按国民经济行业分组			
综合零售	170394	114402	55992
食品、饮料及烟草制品专门零售	13587	6488	7099
纺织、服装及日用品专门零售	18740	5455	13285
文化、体育用品及器材专门零售	19623	13494	6130
医药及医疗器材专门零售	12726	9937	2790
汽车、摩托车、燃料及零配件专门零售	293607	256331	37276
家用电器及电子产品专门零售	12771	7424	5347
五金、家具及室内装饰材料专门零售	550	489	62
货摊、无店铺及其他零售业	2634	1060	1575

和餐饮业企业主要经济指标（二）

单位：万元

主营业务收入	主营业务成本	销售费用	管理费用	财务费用	利润总额
1078152	973937	45707	40874	8680	33730
40768	35637	2508	1368	322	786
1024883	922646	43572	39779	8570	34083
7304	6780		59		454
239546	209339	13624	13426	1307	5431
17260	12450	2824	1484	227	204
760774	694077	27123	24811	7035	27994
53269	51292	2136	1095	110	-354
234251	198770	8296	16070	-27	25526
13823	9906	1120	699	45	1837
18386	11135	2773	4996	60	-587
20076	15434	1809	1449	-150	1297
17407	16063	686	487	146	259
728461	682814	26167	14873	8523	5694
39177	33951	4749	1974	82	-558
251	211		41		
6320	5655	107	285		261

限额以上批发和零售业、住宿

	资产合计	负债合计	所有者权益合计
总　计	300375	345549	-45174
一、住宿业	166957	189901	-22944
其中：国有控股			
按登记注册类型分组			
内资企业	155120	173693	-18573
集体企业	7865	8397	-533
有限责任公司	66495	77134	-10640
股份有限公司	17172	19562	-2390
私营企业	63589	68600	-5011
其他企业			
外商投资企业	11837	16208	-4371
二、餐饮业	133418	155648	-22230
其中：国有控股	3689	3689	
按登记注册类型分组			
内资企业	132844	155493	-22649
有限责任公司	33740	43386	-9646
股份有限公司	672	202	471
其他企业	98068	111552	-13484
私营企业	364	353	11
外商投资企业	574	155	420

和餐饮业企业主要经济指标（三）

单位：万元

主营业务收入	主营业务成本	销售费用	管理费用	财务费用	利润总额
119855	47809	42212	39951	5608	–21847
47240	15618	16612	15829	4829	–8163
36495	12668	11403	13320	4794	–7607
3390	1215	1673	207	5	104
15860	5923	2928	6922	2197	–3015
3815	1003	1429	1756	705	–1279
13430	4527	5373	4435	1888	–3418
10745	2951	5209	2509	34	–556
72614	32191	25600	24123	779	–13684
1421	1064		1691	26	–1411
71878	32048	25445	23736	775	–13689
19370	8286	7245	6087	430	–3827
2307	1298	627	238		16
49784	22238	17438	17387	345	–9887
417	226	136	24		9
737	143	156	387	4	5

规模以上服务业企业分

	单位数	年初存货		
		2015年	2014年	2015年比2014年±%
总计	202	28251	241310	17.1
交通运输、仓储和邮政业	58	5258	4486	17.2
信息传输、软件和信息技术服务业	20	3488	5305	-34.3
房地产业	15	323	365	-11.7
租赁和商务服务业	38	119376	81508	46.5
科学研究和技术服务业	26	30709	31955	-3.9
水利、环境和公共设施管理业	18	120188	114692	4.8
居民服务、修理和其他服务业	9	292	334	-12.4
教育	3	6	5	12
卫生和社会工作	7	859	970	-11.4
文化、体育和娱乐业	8	2012	1691	19

行业门类财务指标（一）

单位：万元

流动资产合计			其中：应收账款		
2015年	2014年	2015年比2014年±%	2015年	2014年	2015年比2014年±%
2196084	2126923	3.3	516899	590688	-12.5
267447	251201	6.5	31936	36938	-13.5
112849	91987	22.7	12631	28494	-55.7
12890	9689	33	2799	2360	18.6
992698	972455	2.1	375325	425817	-11.9
379870	380736	-0.2	16214	16407	-1.2
397818	395730	0.5	71476	74550	-4.1
9223	6603	39.7	3020	1458	107.1
1073	942	13.9	-29	449	-106.3
5684	3840	48	1748	1244	40.5
16533	13740	20.3	1779	2972	-40.2

规模以上服务业企业分

	单位数	其中：存货		
		2015年	2014年	2015年比2014年±%
总计	202	287000	276072	4
交通运输、仓储和邮政业	58	4147	5036	–17.6
信息传输、软件和信息技术服务业	20	14259	3207	344.7
房地产业	15	261	344	–24.2
租赁和商务服务业	38	128938	119208	8.2
科学研究和技术服务业	26	5186	6009	–13.7
水利、环境和公共设施管理业	18	131043	140006	–6.4
居民服务、修理和其他服务业	9	288	117	145.1
教育	3	3	3	23.1
卫生和社会工作	7	924	384	140.5
文化、体育和娱乐业	8	1951	1758	11

行业门类财务指标（二）

单位：万元

固定资产原价			本年折旧		
2015年	2014年	2015年比2014年±%	2015年	2014年	2015年比2014年±%
1382776	1262522	9.5	82941	95844	-13.5
889836	796378	11.7	59341	73916	-19.7
4526	3867	17	670	491	36.5
2089	1894	10.3	269	247	8.7
142667	139965	1.9	8126	7772	4.6
215295	198976	8.2	4982	3906	27.6
69500	69161	0.5	4099	5621	-27.1
9304	9277	0.3	267	267	0.1
9058	8094	11.9	504	789	-36.1
8760	8178	7.1	715	750	-4.7
31742	26733	18.7	3969	2085	90.3

规模以上服务业企业分

	单位数	资产总计		
		2015年	2014年	2015年比2014年±%
总计	202	5000179	4764494	4.9
交通运输、仓储和邮政业	58	1295281	1299028	-0.3
信息传输、软件和信息技术服务业	20	123639	106871	15.7
房地产业	15	16195	14793	9.5
租赁和商务服务业	38	2178073	1993858	9.2
科学研究和技术服务业	26	776322	753682	3
水利、环境和公共设施管理业	18	523524	507877	3.1
居民服务、修理和其他服务业	9	17506	19983	-12.4
教育	3	8025	7462	7.5
卫生和社会工作	7	14694	15273	-3.8
文化、体育和娱乐业	8	46921	45666	2.7

行业门类财务指标（三）

单位：万元

负债合计			所有者权益合计		
2015年	2014年	2015年比2014年±%	2015年	2014年	2015年比2014年±%
3060563	2932853	4.4	1939616	1831641	5.9
783831	813285	–3.6	511450	485743	5.3
63973	52320	22.3	59666	54551	9.4
8568	8106	5.7	7626	6687	14
1463132	1323352	10.6	714941	670506	6.6
460845	455780	1.1	315477	297903	5.9
232121	229264	1.2	291404	278613	4.6
9264	12442	–25.5	8243	7542	9.3
4496	5076	–11.4	3528	2386	47.9
6463	6731	–4	8231	8542	–3.6
27871	26497	5.2	19050	19169	–0.6

规模以上服务业企业分

	单位数	营业收入		
		2015年	2014年	2015年比2014年±%
总计	202	1164701	1165046	…
交通运输、仓储和邮政业	58	471692	502399	-6.1
信息传输、软件和信息技术服务业	20	145530	170239	-14.5
房地产业	15	28747	27113	6
租赁和商务服务业	38	143328	89488	60.2
科学研究和技术服务业	26	156730	155422	0.8
水利、环境和公共设施管理业	18	138999	143744	-3.3
居民服务、修理和其他服务业	9	37004	37701	-1.8
教育	3	8169	7302	11.9
卫生和社会工作	7	18937	16616	14
文化、体育和娱乐业	8	15566	15023	3.6

行业门类财务指标（四）

单位：万元

其中：主营业务收入			营业成本		
2015年	2014年	2015年比2014年±%	2015年	2014年	2015年比2014年±%
1150543	1148480	0.2	894262	910949	−1.8
467969	494263	−5.3	404744	436800	−7.3
143448	168664	−15	107865	140209	−23.1
27362	25895	5.7	22758	20388	11.6
141084	87253	61.7	91826	45174	103.3
155517	154173	0.9	110027	108128	1.8
138086	143719	−3.9	100031	104523	−4.3
36666	36206	1.3	32492	33294	−2.4
7556	7276	3.8	5358	5685	−5.8
18896	16576	14	13135	12190	7.8
13961	14453	−3.4	6027	4559	32.2

规模以上服务业企业分

	单位数	其中：主营业务成本		
		2015年	2014年	2015年比2014年±%
总计	202	877488	893638	-1.8
交通运输、仓储和邮政业	58	396871	427569	-7.2
信息传输、软件和信息技术服务业	20	107358	139616	-23.1
房地产业	15	22500	20232	11.2
租赁和商务服务业	38	86305	39924	116.2
科学研究和技术服务业	26	109065	106806	2.1
水利、环境和公共设施管理业	18	100031	104523	-4.3
居民服务、修理和其他服务业	9	30870	32556	-5.2
教育	3	5358	5685	-5.8
卫生和社会工作	7	13111	12171	7.7
文化、体育和娱乐业	8	6020	4558	32.1

行业门类财务指标（五）

单位：万元

营业税金及附加			其中：主营业务税金及附加		
2015年	2014年	2015年比2014年±%	2015年	2014年	2015年比2014年±%
14122	14526	-2.8	13793	14218	-3
1326	1809	-26.7	1207	1708	-29.3
1288	1359	-5.2	1218	1298	-6.2
1564	1419	10.2	1551	1419	9.3
2170	1941	11.8	2170	1941	11.8
3409	3842	-11.3	3305	3705	-10.8
2840	2669	6.4	2817	2658	6
687	701	-2	687	701	-2
303	306	-1.2	303	306	-1.2
7	5	41.7	7	5	41.7
530	476	11.2	530	476	11.2

规模以上服务业企业分

	单位数	销售费用		
		2015年	2014年	2015年比 2014年±%
总计	202	34167	34236	-0.2
交通运输、仓储和邮政业	58	14241	13894	2.5
信息传输、软件和信息技术服务业	20	5702	2763	106.4
房地产业	15	72	316	-77.4
租赁和商务服务业	38	5457	6233	-12.4
科学研究和技术服务业	26	2760	3531	-21.8
水利、环境和公共设施管理业	18	744	1126	-33.9
居民服务、修理和其他服务业	9	524	535	-2
教育	3	475	412	15.5
卫生和社会工作	7	777	468	66
文化、体育和娱乐业	8	3414	4958	-31.2

行业门类财务指标（六）

单位：万元

管理费用			其中：税金		
2015年	2014年	2015年比2014年±%	2015年	2014年	2015年比2014年±%
116157	115984	0.1	4486	5343	−16
36379	37741	−3.6	2491	2816	−11.5
14872	12709	17	49	306	−83.9
3637	3849	−5.5	17	32	−46.6
19447	19897	−2.3	805	970	−16.9
25528	26538	−3.8	524	690	−24.1
6703	5901	13.6	288	287	0.3
1564	1471	6.3	24	50	−52
152	650	−76.6	12	12	0.8
3582	2951	21.4	24	11	124.5
4295	4277	0.4	252	171	47.7

规模以上服务业企业分

	单位数	财务费用		
		2015年	2014年	2015年比 2014年±%
总计	202	32218	29363	9.7
交通运输、仓储和邮政业	58	16661	17636	–5.5
信息传输、软件和信息技术服务业	20	22	–143	115.6
房地产业	15	9	8	1.2
租赁和商务服务业	38	3249	4554	–28.6
科学研究和技术服务业	26	–2307	–2655	13.1
水利、环境和公共设施管理业	18	14008	9394	49.1
居民服务、修理和其他服务业	9	140	24	485.4
教育	3	–58	–40	–46.3
卫生和社会工作	7	171	176	–2.6
文化、体育和娱乐业	8	324	408	–20.7

行业门类财务指标（七）

单位：万元

其中：利息收入			其中：利息支出		
2015年	2014年	2015年比2014年±%	2015年	2014年	2015年比2014年±%
9794	7622	28.5	33042	32534	1.6
1953	1984	−1.6	16000	17313	−7.6
714	559	27.7	327	458	−28.6
15	7	128.8	16	3	465.5
4276	2154	98.5	3805	5880	−35.3
2580	2675	−3.6	149	123	21.6
157	158	−0.6	12661	8506	48.9
10	22	−52.7	1	1	−14.3
62	41	52.3	4	1	281.8
1	1	20	49	39	24.4
26	22	20.8	30	211	−85.6

规模以上服务业企业分

	单位数	投资收益		
		2015年	2014年	2015年比2014年±%
总计	202	220979	28557	673.8
交通运输、仓储和邮政业	58	1672	299	460.1
信息传输、软件和信息技术服务业	20	675	892	-24.3
房地产业	15	—	—	—
租赁和商务服务业	38	216537	25561	747.1
科学研究和技术服务业	26	1890	1587	19.1
水利、环境和公共设施管理业	18	—	—	—
居民服务、修理和其他服务业	9	12	30	-58.6
教育	3	—	—	—
卫生和社会工作	7	—	—	—
文化、体育和娱乐业	8	192	190	1.2

行业门类财务指标（八）

单位：万元

营业利润			营业外收入		
2015年	2014年	2015年比2014年±%	2015年	2014年	2015年比2014年±%
343135	190305	80.3	38762	32406	19.6
37631	25626	46.8	22816	28007	–18.5
16895	13888	21.7	1822	1084	68.1
994	1118	–11.1	592	370	60
243900	107176	127.6	2619	1702	53.9
21343	18865	13.1	9419	698	1250.5
16767	20159	–16.8	1282	188	581.9
1289	1081	19.2	125	23	446.3
1914	270	609.9	—	6	–93
1124	822	36.6	9	11	–18.3
1278	1299	–1.7	77	319	–75.9

规模以上服务业企业分

	单位数	其中：补贴收入		
		2015年	2014年	2015年比2014年±%
总计	202	13702	13244	3.5
交通运输、仓储和邮政业	58	11857	11581	2.4
信息传输、软件和信息技术服务业	20	307	661	-53.6
房地产业	15	74	193	-61.7
租赁和商务服务业	38	18	394	-95.3
科学研究和技术服务业	26	270	—	—
水利、环境和公共设施管理业	18	1090	97	1029.2
居民服务、修理和其他服务业	9	15	23	-34.5
教育	3	—	—	—
卫生和社会工作	7	—	—	—
文化、体育和娱乐业	8	72	296	-75.7

行业门类财务指标（九）

单位：万元

营业外支出			利润总额		
2015年	2014年	2015年比2014年±%	2015年	2014年	2015年比2014年±%
1792	2919	-38.6	376837	214433	75.7
953	1653	-42.3	58099	47355	22.7
148	68	117.7	18393	14919	23.3
4	3	12.5	1680	1473	14.1
399	443	-10	244282	108456	125.2
156	228	-31.9	31319	19376	61.6
104	431	-75.8	17307	19889	-13
1	58	-98.6	1166	1047	11.4
4	5	-16.7	1910	270	606.5
9	5	73.1	1209	940	28.6
15	25	-40.1	1471	709	107.5

规模以上服务业企业分

	单位数	应交所得税		
		2015年	2014年	2015年比2014年±%
总计	202	32238	25962	24.2
交通运输、仓储和邮政业	58	8941	9811	-8.9
信息传输、软件和信息技术服务业	20	3307	3290	0.5
房地产业	15	443	341	29.9
租赁和商务服务业	38	8038	5444	47.6
科学研究和技术服务业	26	7734	4554	69.8
水利、环境和公共设施管理业	18	2455	1781	37.9
居民服务、修理和其他服务业	9	252	301	-16.1
教育	3	478	46	942.6
卫生和社会工作	7	103	13	727.2
文化、体育和娱乐业	8	488	383	27.5

行业门类财务指标（十）

单位：万元

应付职工薪酬（本年贷方累计发生额）			应交增值税			从事服务业活动的从业人员平均人数		
2015年	2014年	2015年比2014年±%	2015年	2014年	2015年比2014年±%	2015年	2014年	2015年比2014年±%
185186	179868	3	23625	24945	-5.3	2931	3098	-5.4
65394	61983	5.5	9301	13470	-31	801	837	-4.3
15296	14162	8	2218	2053	8	194	180	7.4
15416	12016	28.3	42	46	-7.9	450	407	10.7
23622	22454	5.2	2118	1433	47.8	328	367	-10.8
21191	23130	-8.4	3390	2330	45.5	228	224	1.9
6416	7185	-10.7	1357	306	344.2	135	153	-11.9
26854	28725	-6.5	4848	4971	-2.5	616	759	-18.8
2874	2549	12.7	—	—	—	50	50	-1
5077	4817	5.4	—	—	—	78	75	4
3047	2847	7	351	336	4.4	50	45	12.8

分乡镇（街道、开发区）规上服务业从业人员情况

	从事服务业活动的从业人员平均人数		
	2015年	2014年	2015年比2014年±%
总　　计	29306	30982	-5.4
澄江街道	13374	13064	2.4
南闸街道	267	230	16.1
云亭街道	99	81	22.2
月城镇	142	109	30.3
青阳镇	67	68	-1.5
徐霞客镇	166	158	5.1
华士镇	251	271	-7.4
周庄镇	739	693	6.6
新桥镇	736	927	-20.6
长泾镇	35	32	9.4
顾山镇	207	207	0
祝塘镇	120	144	-16.7
高新区	2852	2937	-2.9
临港开发区	3461	3904	-11.3
靖江园区	6790	8157	-16.8

分行业规上服务业从业人员情况

	从事服务业活动的从业人员平均人数		
	2015年	2014年	2015年比2014年±%
总计	29306	30982	-5.4
按门类分	—	—	—
交通运输、仓储和邮政业	8011	8374	-4.3
信息传输、软件和信息技术服务业	1937	1804	7.4
房地产业	4501	4065	10.7
租赁和商务服务业	3277	3674	-10.8
科学研究和技术服务业	2283	2241	1.9
水利、环境和公共设施管理业	1352	1534	-11.9
居民服务、修理和其他服务业	6164	7591	-18.8
教育	495	500	-1
卫生和社会工作	784	754	4
文化、体育和娱乐业	502	445	12.8

分乡镇（街道、开发区）规上服务业企业分布情况

地　　区	单位数
总　　计	202
澄江街道	104
南闸街道	1
云亭街道	1
月 城 镇	2
青 阳 镇	1
徐霞客镇	2
华 士 镇	5
周 庄 镇	4
新 桥 镇	5
长 泾 镇	1
顾 山 镇	3
祝 塘 镇	1
高 新 区	24
临港开发区	42
靖江园区	6

分行业规上服务业企业分布情况

行　　业	单位数
总计	202
按门类分	—
交通运输、仓储和邮政业	58
信息传输、软件和信息技术服务业	20
房地产业	15
租赁和商务服务业	38
科学研究和技术服务业	26
水利、环境和公共设施管理业	18
居民服务、修理和其他服务业	9
教育	3
卫生和社会工作	7
文化、体育和娱乐业	8

第八篇

财政金融保险篇

2015年预算内财政收支情况

单位：万元

预算内财政收入	决算数	预算内财政支出	决算数
一、一般公共预算收入合计	2189154	一、一般公共预算支出合计	2053514
（一）税收收入	1803085	一般公共服务支出	135347
增值税	445103	国防支出	6697
营业税	516663	公共安全支出	114292
企业所得税	303695	教育支出	338805
个人所得税	125042	科学技术支出	58911
城市维护建设税	140225	文化体育与传媒支出	24368
房产税	67023	社会保障和就业支出	243311
印花税	32031	医疗卫生与计划生育支出	103754
城镇土地使用税	63773	节能环保支出	87878
土地增值税	38133	城乡社区支出	502412
车船税	13063	农林水支出	112687
耕地占用税	10678	交通运输支出	89132
契税	47656	资源勘探信息等支出	76081
（二）非税收入	386069	商业服务业等支出	53677
专项收入	130397	金融支出	787
行政事业性收费收入	108952	援助其他地区支出	9838
罚没收入	26003	国土海洋气象等支出	17286
国有资源(资产)有偿使用收入	115024	住房保障支出	63668
其他收入	5693	粮油物资储备支出	3963
		其他支出	7601
		债务付息支出	2808
二、政府性基金预算收入	169567	债务发行费用支出	211
三、国有资本经营预算收入	17097	二、政府性基金预算支出	181479
四、上划中央四税收入	1831599	三、国有资本经营预算支出	16576

2015年财政专户管理资金收支情况

单位：万元

财政专户收入	决算数	财政专户支出	决算数
教育行政事业性收费收入	17468	教育支出	17702
		本年支出合计	17702
本年收入合计	17468	年末结余	1745

金融机构人民币综合信贷情况

单位：万元

	2015年	2014年	2015年比2014年±%
一、金融机构各项存款余额	29545578	28130344	5.0
其中：国有独资商业银行	10444237	11359554	-8.1
二、金融机构各项贷款余额	23961714	21981579	9.0
其中：国有独资商业银行	10378574	9730863	6.7
贷款中：（1）短期贷款	13746742	12923709	6.4
（2）中长期贷款	8320700	7231337	15.0
附：存款中：			
住户存款	10275065	9708709	5.8
其中：城镇	6945944	6568423	5.7
农村	3329121	3140286	6.0

金融机构外币综合信贷情况

单位：万美元

	2015年	2014年	2015年比2014年±%
一、金融机构各项存款余额	222884	211008	5.6
其中：国有独资商业银行	136436	145284	-6.1
二、金融机构各项贷款余额	137583	260199	-47.1
其中：国有独资商业银行	104273	198230	-47.4
贷款中：（1）短期贷款	132611	251811	-47.3
（2）中长期贷款	4431	4289	3.3
附：存款中：			
住户存款	10832	7533	43.8
其中：国有独资商业银行	8122	5801	40.0

注：美元汇率：2015年 1：6.4936；2014年 1：6.1190

保险业情况

单位：万元

	2015年		2014年		2015年比2014年 ± %	
	保费收入	赔偿支出	保费收入	赔偿支出	保费收入	赔偿支出
总　　计	498179	133787	443542	106511	12.3	25.6
一、财产险小计	199544	121325	177110	93917	12.7	29.2
企业财产险	14894	8788	15027	4722	–0.9	86.1
机动车辆险	161638	94557	141535	76922	14.2	22.9
家庭财产险	1048	1045	941	208	11.4	402.4
工程险	93	162	149	127	–37.6	27.6
运输险	3098	1506	3172	1196	–2.3	25.9
责任险	10104	10179	7996	5193	26.4	96.0
保证险	135	136	135	444	持平	–69.4
人意险	4491	2759	4525	3284	–0.8	–16.0
其他险	4042	2192	3628	1822	11.4	20.3
二、人寿险小计	298635	12462	266433	12594	12.1	–1.0
意外险	9744	4211	9043	4629	7.7	–9.0
短期健康险	8374	3638	6823	3176	22.7	14.5
一般寿险	64236	3982	42887	3958	49.8	0.6
分红类保险	150264	424	139846	538	7.4	–21.3
其他寿险	9156	156	6335	133	44.5	16.9
银行代理	56861	53	61499	160	–7.5	–67.0

第九篇

科技文教卫生体育篇

2015年各类科技计划执行情况

单位：个

	计划项目个数			
	合计	火炬	新产品	其他
合计	342	16	209	117
国家科技部	22	16		6
省科技厅	259		209	50
无锡市科技局	61			61

2015年科技进步奖励情况

单位：个

	小计	特级	一等	二等	三等	四等
合计	96	1	12	25	58	
国家级	3			3		
省级	1		1			
无锡市级	14		1	2	11	
江阴市级	78	1	10	20	47	

2015年末各类科技机构及高新技术企业情况

单位：个

	个数
一、科技团体、机构	790
1. 市级学会、协会	34
2. 科技服务中心	1
3. 企业科协	96
4. 镇（街道）科协	15
5. 农村专业技术研究会	19
6. 工程技术研究中心	625
二、高新技术企业情况	
1. 高新技术企业	381
2. 高新技术产品	209

规模以上工业企业科技活动主要指标（一）

单位：万元

	2014年	大中型	2013年	大中型
一、企业基本情况				
（一）企业数（个）	1422	232	1504	246
（二）有R&D活动的企业数（个）	688	173	835	192
（三）年末从业人员个数（人）	448190	305296	484845	335305
（四）工业总产值（现价）	56571367	44288383	60987055	48354917
（五）主营业务收入	55323868	43316240	60037750	47630563
（六）利润总额	3561633	3089708	3959807	3325340
（七）资产总计	59419269	47884019	57711615	46285196
二、科技活动情况				
（一）R&D科技活动人员合计（人）	20487	13928	22746	15952
1、全时人员	12743	9488	13150	9880
2、非全时人员	7744	4440	9596	6072
合计中：女性	4021	2875	4831	3638
研究人员	5774	4177	7079	5375
（二）R&D科技活动资金来源情况				
1、政府资金	5119	4235	4935	4374
2、企业资金	770540	6932129	727566	595313

注：1、在收录本书时2015年规上企业科技数据上级尚未反馈，故公布上年度数据，下同。
2、“企业基本情况”为年报数。

规模以上工业企业科技活动主要指标（二）

单位：万元

	2014年	大中型	2013年	大中型
3、境外资金	1852	1812	583	145
4、其他资金	2328	779	1704	699
（三）R&D科技活动经费内部支出合计	779838	638956	734791	600531
1、经常费支出	596218	479347	576003	460893
其中：人员劳务费	173119	137919	150935	118290
2、资产性支出	183620	159609	158787	139638
其中：土建工程	5804	5469	3755	3365
仪器设备	177816	154139	155033	136273
（四）R&D科技活动经费外部支出合计	46742	10567	11426	10562
其中：对境内研究机构支出	3296	2989	2677	2588
对境内高等学校支出	2018	1422	2220	1507
对境外支出	4482	4482	2820	2820
三、本年度全部R%D项目情况				
（一）项目数（个）	1970	928	2404	1061
（二）参加项目人员（人）	18841	12900	20790	14657
（三）全部项目经费内部支出	642753	520901	611717	496130

规模以上工业企业科技活动主要指标（三）

单位：万元

	2014年	大中型	2013年	大中型
四、企业办科技机构情况				
（一）机构数（个）	827	237	1115	257
（二）机构人员合计（人）	18304	12084	20681	12911
其中：博士毕业	203	143	254	168
硕士毕业	964	746	1093	831
本科毕业	10308	7071	11275	7576
（三）机构经费支出	506249	399612	595340	468984
（四）仪器和设备原价	431104	296156	409379	298045
其中：进口	87425	80160	151228	143626
五、科技活动产出和相关情况				
（一）企业自主知识产权情况				
1、专利申请数（件）	4461	3165	4718	3598
其中：发明专利	1250	888	1197	875
2、有效发明专利数（件）	3568	1889	3163	2123
其中：境外授权	3	2	4	4
3、专利所有权转让及许可数（项）	54	53	114	83
4、专利所有权转让与许可收入	109	94	33	

规模以上工业企业科技活动主要指标（四）

单位：万元

	2014年	大中型	2013年	大中型
5、发表科技论文（篇）	204	170	285	231
6、拥有注册商标数（件）	2624	1912	2290	1876
7、形成国家或行业标准数（项）	97	68	125	73
（二）新产品开发、生产及销售情况				
1、新产品开发项目数（项）	2026	997	2435	1055
2、新产品开发经费支出	842032	693020	759789	634912
3、新产品产值	11427939	10585833	11185500	10403359
4、新产品销售收入	11250494	10399573	10643238	9851606
六、政府相关政策落实情况				
（一）来自政府部门的科技活动资金	5697	4559	5312	4391
（二）研究开发费用加计扣除减免税	3810	1664	5643	3974
（三）高新技术企业减免税	27033	20061	19146	15657
七、技术获取和技术改造情况				
（一）引进技术经费支出	11730	11203	15851	14500
（二）消化吸收经费支出	4930	4812	3870	3413
（三）购买国内技术经费支出	17129	16906	2264	1948
（四）技术改造经费支出	187507	180362	162699	156690

2014年规模以上工业企业R&D

	企业数（个）	有R&D活动	有科技机构
总计	1422	688	824
一、按企业规模分组			
大型	46	42	46
中型	186	131	169
小型	1169	514	607
微型	21	1	2
二、按工业行业大类分组			
食品制造业	3		1
酒、饮料和精制茶制造业	1		
纺织业	232	96	111
纺织服装、服饰业	131	49	67
皮革、毛皮、羽毛及其制品和制鞋业	6	2	3
木材加工和木、竹、藤、棕、草制品业	2	1	
家具制造业	6	3	4
造纸和纸制品业	15	4	8
印刷和记录媒介复制业	28	14	21
文教、工美、体育和娱乐用品制造业	10	6	5
石油加工、炼焦和核燃料加工业	6	5	4

科技活动情况（分行业）（一）

R&D人员合计（人）	R&D经费内部支出合计（万元）	1.经常费支出（万元）	2.资产性支出（万元）
20487	779838	596218	183620
8985	488181	349977	138204
4943	149511	128106	21405
6556	142135	118126	24010
3	10	9	2
1733	83918	44691	39227
874	13018	10275	2743
6	61	61	
4	30	30	
15	219	197	22
29	1152	787	365
159	5676	5296	380
65	525	488	37
92	6259	5489	770

2014 年规模以上工业企业 R&D

	企业数（个）	有R&D活动	有科技机构
化学原料和化学制品制造业	81	41	50
医药制造业	15	11	11
化学纤维制造业	66	31	35
橡胶和塑料制品业	74	34	36
非金属矿物制品业	48	23	25
黑色金属冶炼和压延加工业	69	30	37
有色金属冶炼和压延加工业	46	24	24
金属制品业	119	54	67
通用设备制造业	125	61	72
专用设备制造业	100	60	76
汽车制造业	27	18	23
铁路、船舶、航空航天和其他运输设备制造业	31	15	21
电气机械和器材制造业	104	67	76
计算机、通信和其他电子设备制造业	35	22	25
仪器仪表制造业	19	14	17
废弃资源综合利用业	3	1	1
电力、热力生产和供应业	16	1	4
燃气生产和供应业	2	1	
水的生产和供应业	2		

科技活动情况（分行业）（二）

R&D人员合计（人）	R&D经费内部支出合计（万元）	1.经常费支出（万元）	2.资产性支出（万元）
1244	46592	41482	5110
342	6960	5972	988
463	12543	11684	859
565	15680	12973	2708
272	10046	8320	1726
2126	129969	99765	30205
599	17704	15805	1899
2226	92555	72258	20297
1259	26913	17465	9447
1651	36328	30392	5936
741	19934	18640	1294
1244	35617	35313	303
2876	143830	122097	21733
1535	67914	31021	36892
357	6222	5636	587
2	60	60	
4	111	19	92
4	4	4	

专业技术人员结构状况

单位：人

	2015年末	2014年末
一、科技人员合计	155715	151483
（一）国家科技人员（在职）	134100	129868
其中：高级	6814	6312
中级	26459	25902
初级（助、员）	42109	41000
未评	58718	56654
（二）乡镇科技人员	18825	18825
其中：高级	255	255
中级	2649	2649
初级（助、员）	15921	15921
二、政工专业职称人员合计	2790	2790
其中：高级	123	123
中级	868	868
初级（助、员）	1799	1799
三、技术工人	360560	345800
其中：机关事业单位	3569	3353
（一）技师	6113	5915
其中：机关事业单位	196	171
（二）高级工	68900	63990
其中：机关事业单位	1309	1182
（三）：中级工	68583	61916
其中：机关事业单位	1067	1039
（四）：初级工	70727	67908
其中：机关事业单位	997	961
（五）持有岗位合格证书	146237	146071

各级各类学校情况

（2015–2016学年）

单位：人

	学校数（所）	毕业生人数	招生数	在校学生数	教职员工数	#专任教师
一、幼儿园	67	13552	17060	41689	4220	2598
二、小学	41	14102	15962	92329	4737	4669
三、特殊教育	1	32	25	157	58	58
四、普通中学	47	17625	18902	54657	5979	5590
其中：高中	12	5789	5642	16142	2107	1943
初中	35	11836	13260	38515	3872	3647
五、职业高中	2	1712	1445	4517	159	159
六、中等专业学校	4	1047	1460	3544	863	784
七、普通高校	1	2853	2419	6690	482	357
职业技术学院	1	2347	1386	5068	482	357
五年制高职和大专班		506	1033	1622		
八、技工学校	2	3455	2050	3675	149	105
九、成人教育	80	204155	204155	204155	773	558
成人技术培训学校	80	204155	204155	204155	773	558

注：各类学校在校学生数165569 人，各类学校教职员工数16647人，其中专任教师14320人。

卫生事业情况

（2015年）

	机构数（个）	床位数（张）	年末人员（人）	卫生技术人员（人）	执业（助理）医师	注册护士	监督员	管理人员
全市总计	573	7829	11184	8975	3399	3635	80	381
一、医院合计	34	7414	7695	6430	2240	2967		253
1. 综合医院	24	5667	5917	5032	1726	2392		168
2. 中医院	4	1088	1331	1138	452	430		61
3. 专科医院	4	260	329	211	51	115		19
口腔医院	1	15	63	42	12	25		3
眼科医院	1	65	79	28	5	21		10
妇产（科）医院	1	30	80	63	18	39		6
康复医院	1	150	107	78	16	30		
4. 护理院	2	399	118	49	11	30		5
二、社区卫生服务中心（站）	87	95	687	584	165	116		9
1. 社区卫生服务中心	7	95	359	296	107	93		9
2. 社区卫生服务站	80		328	288	58	23		
三、卫生院	10	300	558	460	188	150		18
四、村卫生室	120		494	169	150	19		
五、门诊部	36		519	371	167	129		4
六、诊所、卫生所、医务室	262		692	613	362	188		
诊所	194		591	517	304	167		
卫生所、医务室	68		101	96	58	21		
七、采供血机构	1		59	45	7	19		2
八、妇幼保健所（院）	2	20	101	75	39	20		1
九、疾病预防控制中心	1		127	107	69	11		
十、卫生监督所	1		80	80			80	
十一、健康教育所（站、中心）	1		32	7		4		6
十二、专科疾病防治所	1		26	23	8	6		
十三、计划生育技术服务机构	15		90	11	4	6		72
十四、其他卫生机构	2		24					16

文化、广播、电视情况

指　标	单位	2015年	指　标	单位	2015年
1. 影剧管理机构	个	1	9. 市图书馆、文化馆	个	2
2. 影剧院	个	12	10. 工人文化宫、少年宫	个	2
3. 电影放映单位	个	12	11. 市博物馆	个	1
放映场次	场	104080	12. 镇级文化服务中心	个	15
观众人数	万人	278.59	13. 公共图书馆图书总藏量	万册	241
放映收入	万元	9352.43	14. 纪念馆	个	14
发行收入	万元	79.51	15. 文物保护单位	个	97
4. 接待剧团表演	场	68	国家级	个	7
演出收入	万元	334.93	省　级	个	7
5. 市锡剧团演出	场	217	市　级	个	83
观众人数	万人	43.4	16. 江阴报社	个	1
演出收入	万元	345	17. 市电视台	个	1
6. 市评弹团演出	场	1249	18. 市广播电台	个	1
观众人数	万人	20	19. 调频广播立体声发射机	部	4
演出收入	万元	25	20. 电视发射机	部	5
7. 营业性舞厅、歌厅	个	165	21. 电视发射塔	座	3
8. 营业性书场	个	3	22.全市有线电视用户	万户	39.44

体育事业情况

	单　位	2015年
1. 体育场	个	32
其中：4800座体育场	个/平方米	1/18760
31888座体育场	个/平方米	1/41200
2. 田径场	个	79
其中：400米田径场	个	30
200–300米田径场	个	65
3. 体育馆	个	19
其中：4000座体育馆	个/平方米	1/10944
4. 训练馆	个	22
5. 跳水游泳馆（2893座）	个/平方米	1/31893
游泳馆	个	21
游泳池	个	28
6. 健身路径	套	1414
7. 篮球场	片	1158
其中：灯光篮球场	片	730
8. 门球场	片	39
9. 网球馆	个	1
10. 网球场	片	60
11. 2000平方米以上全民健身中心	个	19

第十篇

城建环保篇

城市建设基本情况（一）

	单　位	2015年	2014年
1.城市人口密度	人/平方公里	1865	1834
2.人均日生活用水量	升	181.64	144.60
3.用水普及率	%	100	100
4.每万人拥有公交车辆	标台	18.8	20.1
5.燃气普及率	%	100	100
6.人均市政道路面积	平方米	26.55	26.49
7.污水处理率	%	96	96.51
8.人均公园绿地面积	平方米	15.94	15.9
9.城市建成区绿地率	%	39.30	39.05
城市建成区绿化覆盖率	%	42.68	42.53
10.公共交通运营车辆	辆	621	627
11.城市液化气供气总量	万吨	0.42	0.42
其中：家庭用	万吨	0.13	0.10
用气户数	户	17249	14916
其中：家庭用气户数	户	12085	9732
12.天然气供气总量	万立方米	56442	57856
其中：家庭用	万立方米	2341	3249
用气户数	户	121786	120356
其中：家庭用气户数	户	108175	106678

城市建设基本情况（二）

	单　位	2015年	2014年
13.市政道路长度	公里	434	425
市政道路面积	万平方米	980	962
14.市政桥梁	座	91	87
15.污水年排放量	万立方米	7365	7100
16.防洪堤长度	公里	4	4
17.绿化覆盖面积（城区）	公顷	5556	5189
18.绿地面积（城区）	公顷	5115	4764.1
其中：公园绿地面积	公顷	547	534.0
19.公园：个数	个	16	16
面积	公顷	277	277
20.城市户籍人口	万人	36.92	36.32
21.城市面积	平方公里	198	198
城市建成区面积	平方公里	125	122

城市建设基本情况（三）

	单 位	2015年	2014年
22.城市建筑用地面积	平方公里	113.75	107.38
（1）居住用地	平方公里	43.02	40.62
（2）公共管理与公共服务用地	平方公里	2.5	2.36
（3）商业服务业设施用地	平方公里	7.46	7.05
（4）工业用地	平方公里	23.33	22.03
（5）物流仓储用地	平方公里	2.79	2.64
（6）道路与交通设施用地	平方公里	15.21	14.36
（7）公用设施用地	平方公里	5.28	4.99
（8）绿地与广场用地	平方公里	14.16	13.33
23.供水管道长度	公里	1733.54	1525
24.供水总量	万立方米	6947.36	7074
25.售水总量	万立方米	6156.24	6286
26.用水户数	户	145331	143672
其中：家庭用户	户	120260	118315

工业污染排放及处理利用情况

	单　位	2015年	2014年
一、汇总工业企业数	个	447	453
二、工业锅炉数	台/蒸吨	391/24179.7	463/25039.6
其中：烟尘排放达标的	台/蒸吨	391/24179.7	463/25039.6
其中：二氧化硫排放达标的	台/蒸吨	391/24179.7	463/25039.6
三、废水治理设施处理能力	万吨/日	102.71	104.02
四、工业废水排放量	万吨	10341.75	10652.58
五、工业废水排放达标量	万吨	10341.75	10652.58
六、工业废气排放总量	万标立方米	32627749.00	31665556.00
七、废气治理设施数	套	753	712
八、废气治理设施处理能力	万标立方米/时	8274.85	8351.85
九、二氧化硫去除量	吨	170278.79	165793.14
十、二氧化硫排放量	吨	40606.896	41523.00
十一、烟（粉）尘去除量	吨	3089756.782	3200332.69
十二、烟（粉）尘排放量	吨	56323.142	62956.77
十三、工业固体废物产生量	万吨	685.473	744.96
十四、工业固体废物综合利用量	万吨	666.92	683.46
十五、工业固体废物综合利用率	%	97.29	91.74
十六、工业固体废物处置量	万吨	18.049	25.88

城市污水、垃圾处理情况

	单　位	2015年	2014年
一、污水处理厂数	座	38	38
二、污水处理厂设计处理能力	万吨/日	68.85	69.10
其中：当年新增加	万吨/日	—	—
三、污水处理量	万吨	15807.23	15864.88
其中：处理生活污水量	万吨	7452.32	7452.35
处理工业污水量	万吨	8354.91	8412.53
四、化学需氧量去除量	吨	71735.60	72280.88
五、氨氮去除量	吨	3250.91	3253.25
六、总磷去除量	吨	435.12	304.15
七、污泥产生量	吨	199328.00	193392.00
八、污泥处理量	吨	199328.00	193392.00
九、污泥利用量	吨	—	—

环境保护主要分析指标

	单　位	2015年	2014年
汇总工业企业数	个	447	453
工业废水排放量	万吨	10341.75	10652.58
工业废水排放达标量	万吨	10341.75	10652.58
COD排放量	吨	5832.223	5973.7
工业煤炭消费量	万吨	1715.147	1847.3
其中：燃料煤	万吨	1715.147	1847.3
原料煤	万吨	—	—
工业废气排放量	万标立方米	32627749	31665556
工业二氧化硫排放量	吨	40606.896	41523
工业烟（粉）尘排放量	吨	56323.142	62956.77
一般工业固废产生量	万吨	666.953	723.88
危险废物产生量	万吨	18.52	21.08
工业固废综合利用量	万吨	666.919	683.46
工业固废处置量	万吨	18.049	25.88

第十一篇

外经旅游篇

全市对外经济综合指标

	计量单位	2015年	2014年	2015年比2014年±%
一、进出口总额	万美元	2031069	2230352	–8.9
二、自营出口总额	万美元	1241161	1302303	–4.7
（一）外贸	万美元	718345	690547	4.0
1. 外贸公司	万美元	234900	275608	–14.8
2. 生产企业	万美元	483445	414939	16.5
（二）外资	万美元	522816	611756	–14.5
三、进口总额	万美元	789907	928049	–14.9
四、新批外资项目	个	45	49	(–)4
其中：超千万美元	个	21	24	(–)3
五、工商登记协议注册外资	万美元	332547	224386	48.2
六、到位注册外资	万美元	101102	85509	18.2
七、服务外包业务合同总额	万美元	175301	141922	23.5
八、服务外包业务执行总额	万美元	155845	124087	25.6
九、新批境外投资项目	个	32	28	(+)4
十、新批境外投资项目中方投资额	万美元	68049	53309	27.7

全市外贸指标

单位：万美元

	进出口总额		其中：自营出口总额	
	2015年	2015年比2014年±%	2015年	2015年比2014年±%
全市合计	2031069	-8.9	1241161	-4.7
高　新　区	554648	-4.9	358366	-4.4
临港开发区	661710	-14.5	286984	-0.1
靖江园区	—	—	—	—
澄江街道	133467	1.6	104337	4.7
南闸街道	5409	26.2	4119	-1.9
云亭街道	45819	2.4	35560	6.9
月　城　镇	17621	-13.9	10494	-13.7
青　阳　镇	20889	-1.9	17013	5.6
徐霞客镇	74502	5.6	55806	19.0
华　士　镇	98130	-12.6	84210	-9.9
周　庄　镇	249272	-13.9	152662	-21.9
新　桥　镇	52138	-10.8	30604	-12.5
长　泾　镇	21121	-10.1	16886	-9.9
顾　山　镇	53162	6.2	42858	1.9
祝　塘　镇	43181	-1.0	41262	-1.3

全市外资指标（一）

单位：个

	本年批准外资项目	其中：超千万项目
全市合计	45	21
高　新　区	4	2
临港开发区	20	12
靖江园区	1	1
澄江街道	4	3
南闸街道	1	
云亭街道	2	
月　城　镇		
青　阳　镇		
徐霞客镇	1	
华　士　镇	1	1
周　庄　镇	5	
新　桥　镇	1	1
长　泾　镇	1	
顾　山　镇	1	
祝　塘　镇	3	1

全市外资指标（二）

单位：万美元

	工商登记协议注册外资		到位注册外资	
	2015年	2015年比2014年±%	2015年	2015年比2014年±%
全市合计	332547	48.2	101102	18.2
高新区	198512	446.2	28000	7.4
临港开发区	67531	20.9	33032	3.6
靖江园区	18156	485.7	5416	983.1
澄江街道	15114	541.7	3000	42.4
南闸街道			20	-92.0
云亭街道	431	-67.5	8	-98.0
月城镇	1156	-31.2	1480	90.0
青阳镇	145	-54.7	152	159.1
徐霞客镇	2071	53.6	3321	-18.3
华士镇	13764		5032	151.6
周庄镇	6400	-22.9	5000	61.2
新桥镇			12000	20.0
长泾镇	5160	6349.8	1939	53.4
顾山镇	16			
祝塘镇	4092	469.9	1500	-13.6

旅游业主要指标（一）

指　　标	单位	2015年	2014年	2015年比 2014年±%
一、旅游饭店				
营业收入	万元	76207	70720	7.8
利润总额	万元	–3930	–16185	—
出租率	%	43.89	47.71	–3.8
客房数	间	3438	3531	–2.6
客房床位数	张	5746	5908	–2.7
平均房价	元	354.29	352.26	0.6
餐位数	位	—	—	—
平均餐位消费额	元/位	—	—	—
接待旅游人数	人次	444140	501758	–11.5
其中：接待入境旅游者	人次	20012	43314	–53.8
接待国内旅游者	人次	424128	458444	–7.5
接待旅游者天数	人天	614525	665066	–7.6
其中：接待入境旅游者	人天	58627	76531	–23.4
接待国内旅游者	人天	555898	588535	–5.5
二、旅行社				
营业收入	万元	28618	28055	2.0
利润总额	万元	197.65	576.1	–65.7
组团人数	人次	391385	390895	0.1
其中：出境人数	人次	24409	10512	132.2
国内人数	人次	366976	380383	–3.5
接待人数	人次	1094090	1079397	1.4

旅游业主要指标（二）

指　　标	单位	2015年	2014年	2015年比2014年±%
其中：入境人数	人次	27357	25640	6.7
国内人数	人次	1066733	1053757	1.2
三、旅游景点				
营业收入	万元	29549	33093	-10.7
接待游园人数	万人次	2365	2267	4.3
四、旅游收入				
旅游总收入	亿元	237.6	218.57	8.7
其中：国内旅游总收入	亿元	236.56	217.43	8.8
国内旅游人数	万人次	1546	1465	5.5
五、旅游企业				
旅游饭店（星级）	家	12	12	持平
旅行社	家	42	41	2.4
六、从业人员	人	5338	5637	-5.3
旅游饭店（星级）	人	4473	4728	-5.4
旅行社	人	459	452	1.5
旅游景点	人	406	457	-11.2
七、固定资产净值	万元	163833	148554	10.3
旅游饭店	万元	129326	115858	11.6
旅行社	万元	7175.44	8257	-13.1
旅游景点	万元	27331	24438	11.8

接待旅游者情况

指 标	单位	2015年	2014年	2015年比2014年±%
旅游总收入	亿元	237.6	218.57	8.7
其中：国内旅游收入	亿元	236.56	217.43	8.8
国际旅游收入	亿元	1.04	1.14	–8.8
国际旅游收入	万美元	1676.7	1855	–9.6
旅游人次数总计	人次	444140	501758	–11.5
入境旅游者	人次	20012	43314	–53.8
其中：外国人	人次	17134	29431	–41.8
华侨	人次	—	—	—
港澳同胞	人次	1205	1648	–26.9
台湾同胞	人次	1673	12235	–86.3
国内旅游者	人次	424128	458444	–7.5
旅游人天数总计	人天	614525	665066	–7.6
入境旅游者	人天	58627	76531	–23.4
其中：外国人	人天	52913	60452	–12.5
华侨	人天	—	—	—
港澳同胞	人天	2423	2579	–6.0
台湾同胞	人天	3291	13500	–75.6
国内旅游者	人天	555898	588535	–5.5
国内旅游人数	万人次	1546	1465	5.5
接待游园人数	万人次	2365	2267	4.3

外国旅游者按国别（地区）分（一）

单位：人次

指　　标	2015年	2014年	2015年比2014年±%
外国人合计	17134	29431	-41.8
亚洲小计	8592	11084	-22.5
日本	2414	2953	-18.3
韩国	2113	2110	0.1
蒙古	6	10	-40.0
印度尼西亚	173	211	-18.0
马来西亚	536	619	-13.4
菲律宾	732	1261	-42.0
新加坡	754	1085	-30.5
泰国	195	229	-14.8
印度	926	1207	-23.3
越南	101	70	44.3
缅甸	97	53	83.0
朝鲜	21	128	-83.6
巴基斯坦	134	158	-15.2
老挝		10	—
其他	390	980	-60.2
欧洲小计	5828	13774	-57.7
英国	428	938	-54.4
法国	282	604	-53.3
德国	1319	2820	-53.2
意大利	419	1025	-59.1

外国旅游者按国别（地区）分（二）

单位：人次

指　　标	2015年	2014年	2015年比2014年±%
瑞士	46	83	-44.6
瑞典	175	542	-67.7
俄罗斯	229	340	-32.6
西班牙	150	1403	-89.3
其他	2780	6019	-53.8
美洲小计	2041	3467	-41.1
美国	1429	2080	-31.3
加拿大	337	678	-50.3
巴西	60	295	-79.7
墨西哥	46	44	4.5
其他	169	370	-54.3
大洋洲小计	373	715	-47.8
澳大利亚	305	564	-45.9
新西兰	65	70	-7.1
其他	3	81	-96.3
非洲小计	262	249	5.2
南非	24	43	-44.2
尼日利亚	24	24	0.0
埃及	43	58	-25.9
其他	171	124	37.9
其他小计	38	142	-73.2

旅游涉外饭店（宾馆）经营情况

指　　标	单位	2015年	2014年	2015年比2014年±%
营业收入	万元	76207	70721	7.8
其中：营业成本	万元	23190	22409	3.5
营业税金及附加	万元	4135	3833	7.9
经营利润	万元	20327	16259	25.0
管理费用	万元	28285	27655	2.3
财务费用	万元	3039	2642	15.1
营业利润	万元	817	-13996	—
客房出租率	%	43.89	47.71	-3.8
客房数	间	3438	3531	-2.6
客房床位数	张	5746	5908	-2.7
全年劳动报酬	万元	21414	20307	5.5
年末职工人数	人	4473	4728	-5.4

第十二篇

劳动工资篇

城镇非私营单位从业人员劳动工资主要指标

	计量单位	全市合计	国有单位	集体单位	其他经济类型单位
一、单位个数	个	1211	532	64	615
二、年平均人数	人	266407	44091	39058	183258
其中：在岗职工	人	247176	35544	37652	173980
其他从业人员	人	19231	8547	1406	9278
三、年工资总额	千元	19040347	4187639	2509240	12343468
其中：在岗职工	千元	18024222	3832887	2429820	11761515
其他从业人员	千元	1016125	354752	79420	581953
四、年平均工资	元	71471	94977	64244	67356
其中：在岗职工	元	72921	107835	64534	67603
其他从业人员	元	52838	41506	56486	62724

注：城镇非私营单位包括国有单位、集体单位和其他经济类型单位，其中，其他经济类型单位含港澳台投资企业、外商投资企业等。

城镇非私营单位从业人员人数及工资

	单位数（个）	平均人数（人）	工资总额（千元）	平均工资（元）
总 计	1211	266407	19040347	71471
按执行会计制度分				
企 业	671	224599	14906422	66369
事 业	454	34743	3185344	91683
机 关	85	6906	937021	135682
民间非营利组织				
其 他	1	159	11560	72704
按国民经济行业分				
农、林、牧、渔业	1	9	860	95556
制造业	288	168243	10830657	64375
电力、燃气及水的生产和供应业	12	3696	446615	120837
建筑业	36	18355	948517	51676
批发和零售业	107	6955	441370	63461
交通运输、仓储及邮政业	43	6489	438272	67541
住宿和餐饮业	17	2951	132888	45032
信息传输、计算机服务和软件业	7	1480	144670	97750
金融业	25	5155	855778	166009
房地产业	82	1847	157772	85421
租赁和商务服务业	43	1064	84339	79266
科学研究、技术服务业	51	1981	180970	91353
水利、环境和公共设施管理业	35	2048	130328	63637
居民服务和其他服务业	12	6141	271582	44224
教育	162	19263	1703632	88441
卫生和社会工作	51	9052	851914	94113
文化、体育和娱乐业	25	1100	90245	82041
公共管理和社会组织	214	10578	1329938	125727

城镇非私营企业从业人数及工资

	单位数（个）	平均人数（人）	工资总额（千元）	平均工资（元）
总 计	671	224599	14906422	66369
其中：国有控股	93	23416	1920569	82020
按国民经济行业分				
农、林、牧、渔业				
制造业	288	168243	10830657	64375
电力、燃气及水的生产和供应业	12	3696	446615	120837
建筑业	36	18355	948517	51676
批发和零售业	107	6955	441370	63461
交通运输、仓储及邮政业	41	6365	424567	66703
住宿和餐饮业	17	2951	132888	45032
信息传输、计算机服务和软件业	5	1464	143091	97740
金融业	24	5096	850602	166916
房地产业	82	1847	157772	85421
租赁和商务服务业	21	860	61034	70970
科学研究、技术服务业	14	1243	109104	87775
水利、环境和公共设施管理业	6	512	23975	46826
居民服务和其他服务业	6	6036	260447	43149
教育	1	102	6863	67284
卫生和社会工作	2	141	8846	62738
文化、体育和娱乐业	9	733	60074	81956
公共管理和社会组织				

第十三篇

城乡一体化住户篇

全体居民基本情况

	单位	2015年	2014年
一、调查户	户	204	201
二、家庭常住人口	人	649	624
三、就业人数	人	505	490
四、离退休职工	人	65	60
五、平均每户常住人口	人	3.18	3.10
六、平均每户就业人口	人	2.48	2.44
七、平均每户就业人口负担人数（不包括离退休人口数）	人	1.29	1.27
八、平均每户就业面	%	77.81	78.53
九、就业人口文化程度			
1. 专科及以上	人	92	91
2. 高中	人	94	95
3. 初中	人	163	163
4. 小学	人	45	49
十、全体居民家庭恩格尔系数	%	29.5	29.5
十一、全体居民人均可支配收入	元	42756	39506
全体居民人均生活消费支出	元	23670	21864

全体居民人均可支配收入及消费支出情况

单位：元

	2015年	2014年
一、可支配收入	42756	39506
1. 工资性收入	26473	24502
2. 经营净收入	6044	5618
3. 财产净收入	5849	5409
4. 转移净收入	4391	3977
二、消费性支出	23670	21864
1. 食品烟酒	6991	6455
2. 衣着	2094	1934
3. 居住	3271	2956
4. 家庭设备用品及服务	1202	1128
5. 交通通信	3768	3511
6. 教育文化娱乐服务	4350	4025
7.医疗保健	952	864
8.其他用品和服务	1043	991

全体居民住户人均年购买食品、衣着类数量

	单位	2015年	2014年
大　　米	公 斤	29.6	29.6
面　　粉	公 斤	0.9	1.2
鲜　　菜	公 斤	74.1	71.0
食　　油	公 斤	8.6	10.1
猪　　肉	公 斤	20.9	21.9
牛 羊 肉	公 斤	2.7	2.9
家　　禽	公 斤	9.6	8.9
鲜　　蛋	公 斤	6.9	7.6
鱼　　虾	公 斤	15.6	16.4
白　　酒	公 斤	0.8	0.8
茶　　叶	公斤	0.2	0.2
鲜　　奶	公 斤	8.0	10.8
糕　　点	公 斤	3.6	4.2
鲜 瓜 果	公 斤	26.2	25.5
鞋　　类	双	2.1	2.1

全体居民住户每百户耐用物品年末拥有量

	单位	2015年	2014年
电 冰 箱	台	103	104
彩色电视机	台	186	190
洗 衣 机	台	101	102
微 波 炉	台	86	85
照相机/摄像机	架	43	44
组 合 音 响	台	16	19
淋浴热水器	台	94	95
电 话 机	部	88	87
移 动 电 话	部	245	233
空 调 器	台	223	220
家用计算机	台	94	91
助 力 车	辆	115	107
摩 托 车	辆	36	37
家 用 汽 车	辆	66	57

全体居民住户每百户住房设施情况

	单位	2015年	2014年
一、按房屋主权分			
1. 租赁私房	户	2.5	2.0
2. 自建住房	户	48.5	49.3
3. 商品房	户	20.1	20.4
4. 拆迁安置房	户	19.1	20.0
5. 其他	户	9.8	8.3
二、按卫生设备拥有情况分			
1. 本住户独用	户	99.5	99.5
2. 几户合用	户	0.5	0.5
3. 公用	户	—	—
三、按取暖设备情况分			
1. 由市政或小区集中供暖	户	—	—
2. 自行供暖	户	100	100
3. 无取暖设备	户	—	—

城镇住户调查基本情况

	单位	2015年	2014年
一、调查户	户	119	119
二、家庭常住人口	人	396	385
三、就业人数	人	303	302
四、离退休职工	人	38	40
五、平均每户常住人口	人	3.33	3.24
六、平均每户就业人口	人	2.55	2.54
七、平均每户就业人口负担人数（不包括离退休人口数）	人	1.31	1.28
八、平均每户就业面	%	76.52	78.44
九、就业人口文化程度			
1. 专科及以上	人	69	72
2. 高中	人	64	68
3. 初中	人	91	94
4. 小学	人	22	18
十、城镇居民家庭恩格尔系数	%	29.3	29.3
十一、城镇居民人均可支配收入	元	50701	46880
城镇居民人均生活消费支出	元	26970	24976

城镇居民人均可支配收入及消费支出情况

单位：元

	2015年	2014年
一、可支配收入	50701	46880
1. 工资性收入	31435	29089
2. 经营净收入	7555	7022
3. 财产净收入	6490	6054
4. 转移净收入	5222	4715
二、消费性支出	26970	24976
1. 食品烟酒	7913	7318
2. 衣着	2477	2273
3. 居住	3670	3310
4. 家庭设备用品及服务	1310	1235
5. 交通通信	4385	4121
6. 教育文化娱乐服务	4960	4621
7. 医疗保健	1080	974
8. 其他用品和服务	1175	1124

城镇住户人均年购买食品、衣着类数量

	单位	2015年	2014年
大　　米	公 斤	30.1	31.8
面　　粉	公 斤	1.0	0.9
鲜　　菜	公 斤	76.6	78.2
食　　油	公 斤	8.7	10.0
猪　　肉	公 斤	21.0	24.2
牛 羊 肉	公 斤	2.77	3.2
家　　禽	公 斤	9.22	9.0
鲜　　蛋	公 斤	7.38	7.9
鱼　　虾	公 斤	16.73	18.5
白　　酒	公 斤	0.96	0.9
茶　　叶	公斤	0.21	0.2
鲜　　奶	公 斤	9.35	13.2
糕　　点	公 斤	3.74	4.8
鲜 瓜 果	公 斤	29.48	29.6
鞋　　类	双	2.08	2.0

城镇住户每百户耐用物品年末拥有量

	单位	2015年	2014年
电冰箱	台	114	114
彩色电视机	台	204	205
洗衣机	台	112	112
微波炉	台	95	94
照相机/摄像机	架	48	50
组合音响	台	14	21
淋浴热水器	台	102	102
电话机	部	93	88
移动电话	部	268	255
空调器	台	250	246
家用计算机	台	97	95
助力车	辆	121	107
摩托车	辆	33	39
家用汽车	辆	80	71

注：2008年始，移动电话拥有量含小灵通。

城镇住户每百户住房设施情况

	单位	2015年	2014年
一、按房屋主权分			
1. 租赁私房	户	3.4	2.5
2. 自建住房	户	34.5	34.5
3. 商品房	户	34.5	34.5
4. 拆迁安置房	户	26.9	27.7
5. 其他	户	0.8	0.8
二、按卫生设备拥有情况分			
1. 本住户独用	户	100.0	100.0
2. 几户合用	户	—	—
3. 公用	户	—	—
三、按取暖设备情况分			
1. 由市政或小区集中供暖	户	—	—
2. 自行供暖	户	100	100
3. 无取暖设备	户	—	—

农村住户调查基本情况

	单位	2015年	2014年
一、调查户	户	85	82
二、家庭常住人口	人	253	239
三、就业人数	人	202	188
四、离退休职工	人	27	20
五、平均每户常住人口	人	3.00	2.91
六、平均每户就业人口	人	2.38	2.29
七、平均每户就业人口负担人数（不包括离退休人口数）	人	1.25	1.27
八、平均每户就业面	%	79.84	78.66
九、就业人口文化程度			
1. 专科及以上	人	23	19
2. 高中	人	30	27
3. 初中	人	72	69
4. 小学	人	23	31
十、农村居民家庭恩格尔系数	%	30.2	30.3
十一、农村居民人均可支配收入	元	26012	23965
农村居民人均生活消费支出	元	16716	15304

农村居民人均可支配收入及消费支出情况

单位：元

	2015年	2014年
一、可支配收入	26012	23965
1. 工资性收入	16015	14834
2. 经营净收入	2860	2660
3. 财产净收入	4497	4050
4. 转移净收入	2640	2421
二、消费性支出	16716	15304
1. 食品烟酒	5048	4637
2. 衣着	1286	1218
3. 居住	2430	2210
4. 家庭设备用品及服务	973	902
5. 交通通信	2467	2225
6. 教育文化娱乐服务	3065	2770
7. 医疗保健	682	632
8. 其他用品和服务	765	710

农村住户人均年购买食品、衣着类数量

	单位	2015年	2014年
大　　米	公 斤	28.7	26.2
面　　粉	公 斤	0.8	1.5
鲜　　菜	公 斤	70.3	59.5
食　　油	公 斤	8.6	10.2
猪　　肉	公 斤	20.8	18.2
牛 羊 肉	公 斤	2.6	2.4
家　　禽	公 斤	10.2	8.7
鲜　　蛋	公 斤	6.2	7.1
鱼　　虾	公 斤	13.7	12.9
白　　酒	公 斤	0.4	0.5
茶　　叶	公斤	0.1	0.1
鲜　　奶	公 斤	5.9	6.9
糕　　点	公 斤	3.3	3.2
鲜 瓜 果	公 斤	21.1	18.9
鞋　　类	双	2.19	2.5

农村住户每百户耐用物品年末拥有量

	单位	2015年	2014年
电 冰 箱	台	88	89
彩色电视机	台	161	167
洗 衣 机	台	87	88
微 波 炉	台	74	72
照相机/摄像机	架	36	35
组 合 音 响	台	19	16
淋浴热水器	台	84	84
电 话 机	部	80	84
移动电话	部	213	202
空 调 器	台	184	183
家用计算机	台	89	85
助 力 车	辆	106	107
摩 托 车	辆	40	34
家用汽车	辆	46	37

农村住户每百户住房设施情况

	单位	2015年	2014年
一、按房屋主权分			
1. 租赁私房	户	1.2	1.2
2. 自建住房	户	68.2	70.7
3. 商品房	户	—	—
4.拆迁安置房	户	8.2	8.5
5.其他	户	22.4	19.6
二、按卫生设备拥有情况分			
1. 本住户独用	户	98.8	98.8
2. 几户合用	户	1.2	1.2
3. 公用	户	91	91
三、按取暖设备情况分			
1. 由市政或小区集中供暖	户	—	—
2. 自行供暖	户	100	100
3. 无取暖设备	户	—	—

第十四篇

沿江开发篇

高新区行政区划、面积和人口

	单 位	2015年	2014年	2015年比 2014年 ± %
一、行政区划				
社区居民委员会	个	12	16	—
村民委员会	个	19	19	—
二、土地总面积	平方公里	53	53	—
长江岸线	公里	8	8	—
三、年末总户数	万户	2.22	2.21	0.5
其中：农村户数	万户	0.65	0.67	-3.0
四、年末总人口	万人	7.31	7.31	持平
其中：男性	万人	3.65	3.66	-0.3
女性	万人	3.66	3.65	0.3
五、每平方公里人口密度	人	1379	1379	持平

高新区主要经济指标

指标名称	计量单位	全年实绩	增长速度（±%）
一、批准进区企业	个	155	6.9
其中：外资企业	个	14	-33.0
二、进区企业投资总额	亿　元	118.20	212.0
其中：外资企业	亿美元	16.84	234.7
三、一般公共预算收入	亿　元	30.91	12.0
四、地区生产总值	亿　元	461.22	10.6
其中：第二产业	亿　元	312.60	12.0
第三产业	亿　元	147.98	7.7
五、工业开票销售收入	亿　元	916.00	-12.9
六、服务业开票销售收入	亿　元	731.33	-14.3
七、规上工业企业产值	亿　元	931.87	1.6
规上工业企业利税	亿　元	84.21	-2.5
规上工业企业利润	亿　元	43.61	5.7
八、限上批发零售业销售额	亿　元	289.35	3.1
九、限上批零住餐业零售额	亿　元	5.44	26.0
十、固定资产投资总额	亿　元	185.57	18.3
其中：工业投资	亿　元	103.51	20.0
服务业投资	亿　元	82.06	16.2
十一、进出口总额	亿美元	55.46	-4.9
其中：自营出口额	亿美元	35.84	-4.4
十二、到位注册外资	亿美元	2.80	7.4

高新区开发建设情况（一）

	单 位	2015年	2014年	2015年比2014年±%
一、开发建成区面积	平方公里	13.8	13.8	—
已利用长江岸线	公里	4.8	4.8	—
二、历年累计基础设施投入	万元	2041889	2021625	1.0
骨干道路	公里	196	193	1.6
自来水管道	公里	192	189	1.6
下水管道	公里	360	355	1.4
供热管道	公里	70	70	—
绿化面积	万平方米	1432	1419	0.9
码头	只	10	10	—
三、历年累计批准进区项目	个	2228	2073	7.5
其中：外资项目	个	491	477	2.9
四、历年累计进区项目总投资	亿元	1142	1024	11.5
其中：外资项目总投资	万美元	931872	763479	22.1
历年累计协议注册外资	万美元	837555	639043	31.1
历年累计到位注册外资	万美元	388988	360988	7.8
五、历年累计土地批租	亩	24559	23540	4.3
其中：外资企业批租	亩	6632	5664	17.1

高新区开发建设情况（二）

	单　位	2015年	2014年	2015年比 2014年±%
六、历年累计拆除房屋	户	19474	18924	2.9
七、历年累计已安置拆除房屋数	户	19986	18163	10.0
八、历年累计拆除房屋面积	平方米	5750985	5500985	4.5
九、历年累计安置安置房屋面积	平方米	6201645	5884645	5.4
十、期末投产开业企业	个	3254	2669	21.9
其中：工业企业	个	1038	893	16.2
其中：外资企业	个	170	146	16.4
十一、本年自营出口总额	万美元	358366	374860	–4.4
其中：外资企业	万美元	156998	173251	–9.4
十二、本年自营进口总额	万美元	196486	202166	–2.8
十三、本年工业总产值	万元	12228017	12182621	0.4
其中：外资企业	万元	8444599	8394234	0.6
十四、本年业务总收入	万元	21460029	21183531	1.3
其中：工业产品销售收入	万元	12436417	12230700	1.7
一、三产业营业收入	万元	9023612	8952831	0.8
十五、本年利润总额	万元	799447	763629	4.7
其中：外资企业	万元	390123	371546	5.0

临港经济开发区行政区划、面积和人口

	单　位	2015年	2014年	2015年比 2014年 ± %
一、行政区划				
社区居民委员会	个	21	21	—
村民委员会	个	39	39	—
二、土地总面积	平方公里	188	188	—
长江岸线	公里	25.88	25.88	—
三、年末总户数	万户	5.48	5.47	0.3
其中：农村户数	万户	3.78	3.77	0.3
四、年末总人口	万人	18.65	18.58	0.4
其中：男性	万人	9.33	9.52	–2.0
女性	万人	9.32	9.06	2.9
五、每平方公里人口密度	人	991	989	0.2

临港经济开发区主要经济指标

指标名称	计量单位	全年实绩	增长速度（±%）
一、批准进区企业	个	1012	0.7
其中：外资企业	个	21	16.7
二、进区企业投资总额	亿　元	88.12	0.5
其中：外资企业	亿美元	11.69	74.5
三、一般公共预算收入	亿　元	46.78	11.8
四、地区生产总值	亿　元	606.88	7.5
其中：第二产业	亿　元	342.51	12.9
第三产业	亿　元	255.00	0.2
五、工业开票销售收入	亿　元	1328.46	-12.4
六、服务业开票销售收入	亿　元	1711.39	-21.1
七、规上工业企业产值	亿　元	1341.30	7.2
规上工业企业利税	亿　元	112.60	4.6
规上工业企业利润	亿　元	76.88	-0.9
八、限上批发零售业销售额	亿　元	994.59	-3.4
九、限上批零住餐业零售额	亿　元	20.62	26.8
十、固定资产投资总额	亿　元	348.50	8.7
其中：工业投资	亿　元	222.54	14.2
服务业投资	亿　元	125.97	4.0
十一、进出口总额	亿美元	66.17	-14.5
其中：自营出口额	亿美元	28.70	-0.1
十二、到位注册外资	亿美元	3.30	3.6

临港经济开发区开发建设情况（一）

	单　位	2015年	2014年	2015年比2014年±%
一、开发建成区面积	平方公里	36.9	36.9	—
已利用长江岸线	公里	19.5	19.5	—
二、历年累计基础设施投入	万元	2201212	2187212	0.6
骨干道路	公里	359	357	0.6
自来水管道	公里	472	472	—
下水管道	公里	481	481	—
供热管道	公里	74	74	—
绿化面积	万平方米	1503	1483	1.3
码头	只	21	21	—
三、历年累计批准进区项目	个	7320	7199	1.7
其中：外资项目	个	367	346	6.1
四、历年累计进区项目总投资	亿元	1941	1746	11.2
其中：外资项目总投资	万美元	1429790	1362260	5.0
历年累计协议注册外资	万美元	875889	808358	8.4
历年累计到位注册外资	万美元	371728	338696	9.8
五、历年累计土地批租	亩	57537.6	55627	3.4
其中：外资企业批租	亩	20266.4	20219	0.2

临港经济开发区开发建设情况（二）

	单　位	2015年	2014年	2015年比2014年 ± %
六、历年累计拆除房屋	户	24942	24827	0.5
七、历年累计已安置拆除房屋数	户	19303	19200	0.5
八、历年累计拆除房屋面积	平方米	8258821	8102821	1.9
九、历年累计安置安置房屋面积	平方米	4651124	4551874	2.2
十、期末投产开业企业	个	5682	5492	3.5
其中：工业企业	个	2614	2576	1.5
其中：外资企业	个	283	298	–5.0
十一、本年自营出口总额	万美元	287099	287342	–0.1
其中：外资企业	万美元	115002	136099	–15.5
十二、本年自营进口总额	万美元	374317	483916	–22.6
十三、本年工业总产值	万元	15213086	18748063	–18.9
其中：外资企业	万元	526983	6919910	–23.8
十四、本年业务总收入	万元	27547965	36630601	–20.6
其中：工业产品销售收入	万元	13069210	14950201	–12.8
一、三产业营业收入	万元	14473833	21680400	–26.5
十五、本年利润总额	万元	768791	775773	–0.9
其中：外资企业	万元	448205	469073	–4.4

靖江园区行政区划、面积和人口

	单　位	2015年	2014年	2015年比2014年±%
一、行政区划				
社区居民委员会	个	3	3	—
村民委员会	个	10	10	—
二、土地总面积	平方公里	16.5	16.5	—
长江岸线	公里	11.1	11.1	—
三、年末总户数	万户	0.90	0.90	-0.4
其中：农村户数	万户	0.60	0.61	-1.7
四、年末总人口	万人	3.14	3.15	-0.4
其中：男性	万人	1.54	1.55	-0.6
女性	万人	1.59	1.6	-0.6
五、每平方公里人口密度	人	1900.61	1911.76	-0.6

靖江园区主要经济指标

指标名称	计量单位	全年实绩	增长速度（±%）
一、批准进区企业	个	105	10.5
其中：外资企业	个	1	—
二、进区企业投资总额	亿　元	14.72	-15.2
其中：外资企业	亿美元	1.00	-42.9
三、一般公共预算收入	亿　元	5.72	7.5
四、地区生产总值	亿　元	91.07	-9.6
其中：第二产业	亿　元	58.46	-10.0
第三产业	亿　元	32.61	-8.8
五、工业开票销售收入	亿　元	142.07	-6.3
六、服务业开票销售收入	亿　元	159.40	-9.3
七、规上工业企业产值	亿　元	153.61	-18.0
规上工业企业利税	亿　元	28.04	-15.8
规上工业企业利润	亿　元	22.68	-22.3
八、限上批发零售业销售额	亿　元	101.48	-18.7
九、限上批零住餐业零售额	亿　元	4.17	0.5
十、固定资产投资总额	亿　元	14.53	-49.9
其中：工业投资	亿　元	7.85	-56.9
服务业投资	亿　元	6.70	-38.0
十一、进出口总额	亿美元	—	—
其中：自营出口额	亿美元	—	—
十二、到位注册外资	亿美元	1.00	1900.0

靖江园区开发建设情况（一）

	单　位	2015年	2014年	2015年比2014年±%
一、开发建成区面积	平方公里	10	8	25.0
已利用长江岸线	公里	10.4	10.3	1.0
二、历年累计基础设施投入	万元	432765	407765	6.1
骨干道路	公里	30.57	30.07	1.7
自来水管道	公里	30	30	0.0
下水管道	公里	80.5	80	0.6
供热管道	公里	—	—	—
绿化面积	万平方米	97.9	97.4	0.5
码头	只	21	21	0.0
三、历年累计批准进区项目	个	638	548	16.4
其中：外资项目	个	32	30	6.7
四、历年累计进区项目总投资	亿元	350.56	335.93	4.4
其中：外资项目总投资	万美元	342954	332974	3.0
历年累计协议注册外资	万美元	153001	137845	11.0
历年累计到位注册外资	万美元	73002	67586	8.0
五、历年累计土地批租	亩	13728	13437	2.2
其中：外资企业批租	亩	291	8096	-96.4

靖江园区开发建设情况（二）

	单　位	2015年	2014年	2015年比2014年 ± %
六、历年累计拆除房屋	户	5605	5474	2.4
七、历年累计已安置拆除房屋数	户	4767	4667	2.1
八、历年累计拆除房屋面积	平方米	1662200	1622200	2.5
九、历年累计安置安置房屋面积	平方米	1000370	988370	1.2
十、期末投产开业企业	个	612	480	27.5
其中：工业企业	个	75	58	29.3
其中：外资企业	个	26	24	8.3
十一、本年自营出口总额	万美元	4297	1305	229.3
其中：外资企业	万美元	1959	430	355.6
十二、本年自营进口总额	万美元	5709	1642	247.7
十三、本年工业总产值	万元	1536058	1874188	–18.0
其中：外资企业	万元	1397910	1723664	–18.9
十四、本年业务总收入	万元	2818860	2967249	–5.0
其中：工业产品销售收入	万元	1420730	1515633	–6.3
一、三产业营业收入	万元	1398130	1451616	–3.7
十五、本年利润总额	万元	226752	291933	–22.3
其中：外资企业	万元	222843	287259	–22.4

第十五篇

排行篇

2015年各镇（街道）农村居民人均可支配收入排行表

单位：元

镇（街道）	总　　量		增长速度	
	实绩	名次	±%	名次
新 桥 镇	37812	1	11.5	3
周 庄 镇	37574	2	12.0	1
澄江街道	37064	3	11.8	2
华 士 镇	35155	4	10.1	5
云亭街道	33209	5	11.0	4
南闸街道	32469	6	8.0	11
月 城 镇	29302	7	9.3	7
祝 塘 镇	29030	8	8.6	9
顾 山 镇	28038	9	9.1	8
长 泾 镇	26536	10	9.6	6
青 阳 镇	25324	11	7.9	12
徐霞客镇	24281	12	8.5	10

2015年各镇（街道）地区生产总值排行表

单位：亿元

镇（街道）	总量		增长速度	
	实绩	名次	±%	名次
澄江街道	413.07	1	7.5	4
周庄镇	289.98	2	8.0	3
华士镇	262.86	3	6.9	9
新桥镇	148.22	4	8.2	2
徐霞客镇	112.01	5	7.1	7
云亭街道	86.74	6	10.9	1
祝塘镇	83.19	7	7.2	6
顾山镇	72.48	8	7.4	5
南闸街道	62.16	9	7.1	7
青阳镇	59.42	10	0.3	11
长泾镇	57.12	11	2.2	10
月城镇	50.93	12	-3.1	12

2015年各镇（街道）服务业增加值占比排行表

单位：%

镇（街道）	占GDP比重		比上年提高百分点	
	实绩	名次	±百分点	名次
澄江街道	67.86	1	0.55	10
南闸街道	58.77	2	1.83	3
顾 山 镇	50.78	3	2.34	1
长 泾 镇	49.03	4	1.14	8
青 阳 镇	48.69	5	1.46	6
云亭街道	46.54	6	1.87	2
新 桥 镇	43.98	7	1.79	4
月 城 镇	42.20	8	1.40	7
徐霞客镇	35.79	9	1.59	5
祝 塘 镇	31.99	10	1.02	9
华 士 镇	31.33	11	–1.52	12
周 庄 镇	27.02	12	0.19	11

2015年各镇（街道）一般公共预算收入排行表

单位：亿元

镇（街道）	总量		增长速度	
	实绩	名次	±%	名次
澄江街道	28.75	1	11.8	7
新桥镇	12.39	2	16.8	2
周庄镇	9.48	3	12.0	6
华士镇	9.31	4	13.4	4
云亭街道	6.96	5	2.7	12
徐霞客镇	6.22	6	14.6	3
顾山镇	4.32	7	11.7	8
祝塘镇	4.02	8	11.7	8
南闸街道	3.33	9	12.6	5
月城镇	3.28	10	11.0	11
青阳镇	3.20	11	17.7	1
长泾镇	2.98	12	11.7	8

2015年各镇（街道）工业投资排行表

单位：亿元

镇（街道）	总　量		增长速度	
	实绩	名次	±%	名次
周庄镇	30.05	1	0.2	9
华士镇	23.94	2	10.2	2
徐霞客镇	23.07	3	2.0	8
祝塘镇	18.10	4	8.2	4
青阳镇	15.74	5	0.1	10
顾山镇	14.08	6	9.3	3
新桥镇	13.70	7	5.6	7
云亭街道	13.51	8	6.3	6
长泾镇	12.14	9	8.0	5
月城镇	8.48	10	–44.1	11
南闸街道	6.00	11	19.5	1
澄江街道	1.85	—	–22.9	—

注：根据有关文件精神，澄江街道工业投资不列入排名。

2015年各镇（街道）工业企业开票销售收入排行表

单位：亿元

镇（街道）	总量		增长速度	
	实绩	名次	±%	名次
周庄镇	867.58	1	–2.4	6
华士镇	711.92	2	–4.8	9
新桥镇	374.75	3	40.7	1
澄江街道	317.49	4	6.0	2
徐霞客镇	287.66	5	–3.0	8
祝塘镇	178.86	6	3.8	3
云亭街道	152.81	7	–4.8	9
顾山镇	134.23	8	1.6	5
青阳镇	114.12	9	–7.7	11
长泾镇	109.70	10	3.8	3
月城镇	90.05	11	–36.4	12
南闸街道	89.92	12	–2.9	7

2015年各镇（街道）规上工业企业产值排行表

单位：亿元

镇（街道）	总　　量		增长速度	
	实绩	名次	±%	名次
周 庄 镇	865.77	1	0.9	7
华 士 镇	714.66	2	1.8	4
新 桥 镇	559.02	3	6.4	1
澄江街道	313.75	4	0.4	9
徐霞客镇	260.01	5	1.3	6
云亭街道	162.28	6	2.6	2
祝 塘 镇	157.48	7	2.5	3
顾 山 镇	99.59	8	1.5	5
南闸街道	90.53	9	0.6	8
长 泾 镇	84.14	10	−3.1	10
青 阳 镇	70.20	11	−14.7	12
月 城 镇	61.68	12	−12.7	11

2015年各镇（街道）服务业投资排行表

单位：亿元

镇（街道）	总量		增长速度	
	实绩	名次	±%	名次
澄江街道	137.75	1	20.0	1
云亭街道	27.25	2	19.5	2
周庄镇	27.04	3	0.6	9
新桥镇	25.81	4	16.0	4
华士镇	20.58	5	0.1	10
徐霞客镇	18.03	6	5.6	7
顾山镇	13.42	7	15.1	5
祝塘镇	12.81	8	10.7	6
青阳镇	12.02	9	17.6	3
长泾镇	10.35	10	3.5	8
月城镇	9.03	11	-17.5	11
南闸街道	2.11	12	-73.9	12

2015年各镇（街道）服务业企业开票销售收入排行表

单位：亿元

镇（街道）	总　　量		增长速度	
	实绩	名次	±%	名次
澄江街道	796.84	1	–12.4	9
新 桥 镇	428.92	2	41.7	2
华 士 镇	198.13	3	–23.2	11
周 庄 镇	183.11	4	10.4	7
顾 山 镇	125.16	5	27.0	4
南闸街道	96.94	6	–12.9	10
徐霞客镇	91.42	7	29.5	3
云亭街道	87.20	8	42.7	1
月 城 镇	61.84	9	–27.9	12
青 阳 镇	60.39	10	12.0	5
长 泾 镇	49.40	11	–12.0	8
祝 塘 镇	36.80	12	11.0	6

2015年各镇（街道）限上批发零售企业销售额排行表

单位：亿元

镇（街道）	总　　量		增长速度	
	实绩	名次	±%	名次
澄江街道	475.58	1	–6.2	8
新 桥 镇	303.87	2	30.3	3
周 庄 镇	160.95	3	5.1	6
华 士 镇	91.96	4	–24.5	11
顾 山 镇	66.31	5	14.9	5
徐霞客镇	50.21	6	61.5	1
云亭街道	29.39	7	47.9	2
祝 塘 镇	28.25	8	3.4	7
青 阳 镇	24.64	9	–8.5	9
南闸街道	24.35	10	17.1	4
月 城 镇	21.35	11	–23.6	10
长 泾 镇	19.48	12	–30.8	12

2015年各镇（街道）限上批零住餐企业零售额排行表

单位：亿元

镇（街道）	总 量		增长速度	
	实绩	名次	±%	名次
澄江街道	151.04	1	2.7	11
周 庄 镇	12.31	2	1.0	12
华 士 镇	9.30	3	4.0	10
长 泾 镇	4.61	4	4.3	9
云亭街道	4.16	5	21.1	1
新 桥 镇	3.56	6	17.2	3
南闸街道	3.37	7	14.3	4
徐霞客镇	3.01	8	10.8	6
青 阳 镇	2.56	9	6.2	7
祝 塘 镇	2.26	10	12.1	5
月 城 镇	2.08	11	5.0	8
顾 山 镇	1.82	12	21.0	2

2015年各镇（街道）自营出口排行表

单位：万美元

镇（街道）	总　　量		增长速度	
	实绩	名次	±%	名次
周 庄 镇	152662	1	-21.9	12
澄江街道	104337	2	4.7	4
华 士 镇	84210	3	-9.9	8
徐霞客镇	55806	4	19.0	1
顾 山 镇	42858	5	1.9	5
祝 塘 镇	41262	6	-1.3	6
云亭街道	35560	7	6.9	2
新 桥 镇	30604	8	-12.5	10
青 阳 镇	17013	9	5.6	3
长 泾 镇	16886	10	-9.9	8
月 城 镇	10494	11	-13.7	11
南闸街道	4119	12	-1.9	7

2015年各镇（街道）到位注册外资排行表

单位：万美元

镇（街道）	总　量		完成年度计划	
	实绩	名次	完成率%	名次
新 桥 镇	12000	1	600.0	1
华 士 镇	5032	2	251.6	2
周 庄 镇	5000	3	250.0	3
徐霞客镇	3321	4	221.4	4
澄江街道	3000	5	100.0	6
长 泾 镇	1939	6	161.6	5
祝 塘 镇	1500	7	100.0	6
月 城 镇	1480	8	98.7	8
青 阳 镇	152	9	10.1	9
南闸街道	20	10	1.3	10
云亭街道	8	11	0.7	11
顾 山 镇	0	12	0	12

2015年全市开票销售收入前30名村（社区）

单位：万元

名　次	单　位　名　称	实　绩
1	华士镇华西新市村	3887596
2	周庄镇三房巷村	3687896
3	临港街道创新村	1869063
4	周庄镇华宏村	1638848
5	临港街道长江村	1633695
6	临港街道陈墅社区	1574434
7	璜土镇花港苑村	1118176
8	徐霞客镇任九房村	1016777
9	周庄镇周庄村	812161
10	城东街道金童村	712237
11	周庄镇倪家巷村	628476
12	华士镇龙河村	601369
13	城东街道东新村	596387
14	南闸街道观山村	553821
15	华士镇曙新村	498612
16	周庄镇宗言村	465686
17	周庄镇周西村	438680
18	祝塘镇永昌村	405272
19	长泾镇花园村	390354
20	周庄镇长乐村	374683
21	祝塘镇建南村	360579
22	临港街道申西村	356430
23	临港街道三联村	351423
24	华士镇陆丰村	336224
25	顾山镇 洄东村	314867
26	华士镇勤丰村	310164
27	祝塘镇文林村	302449
28	华士镇龙砂村	296442
29	顾山镇顾北村	274897
30	华士镇红苗村	270691

2015年全市入库税金前30名村（社区）

单位：万元

名 次	单 位 名 称	实 绩
1	华士镇华西新市村	68429
2	临港街道陈墅社区	48541
3	临港街道创新村	45597
4	临港街道长江村	40390
5	周庄镇周庄村	28291
6	周庄镇三房巷村	22561
7	祝塘镇建南村	21336
8	城东街道金童村	19489
9	祝塘镇文林村	16353
10	城东街道东新村	15952
11	华士镇龙河村	15688
12	临港街道三联村	14265
13	璜土镇小湖村	14133
14	周庄镇周西村	14117
15	周庄镇华宏村	13776
16	澄江街道黄山村	12739
17	周庄镇倪家巷村	12525
18	祝塘镇金庄村	11342
19	长泾镇花园村	10963
20	周庄镇山泉村	10749
21	月城镇双泾村	10267
22	顾山镇新龚村	10225
23	华士镇曙新村	9855
24	璜土镇花港苑村	9634
25	澄江街道文富村	9599
26	周庄镇宗言村	9354
27	周庄镇鸡笼山村	9201
28	城东街道许姚村	9035
29	周庄镇长寿村	8859
30	顾山镇 洄东村	8812

2015年全市工业投入前50名工业企业

名次	单 位 名 称	名次	单 位 名 称
1	华欧德变速器有限公司	26	大明重工有限公司
2	江阴澄星实业集团有限公司	27	江阴嘉鸿橡塑科技有限公司
3	江苏新潮科技集团有限公司	28	江苏凯源电子科技股份有限公司
4	江苏利电能源集团	29	江苏华宏实业集团有限公司
5	江苏三房巷集团有限公司	30	江苏法尔胜泓昇集团有限公司
6	江阴通利光电科技有限公司	31	江苏新长江实业集团有限公司
7	江阴市振江钢结构有限公司	32	江阴达仕新能源科技有限公司
8	江阴科利达电子有限公司	33	江苏利生一光电有限公司
9	海澜集团有限公司	34	江阴亿欣新材料科技有限公司
10	江阴兴澄特种钢铁有限公司	35	江阴市丰硕文化产业有限公司
11	江苏利安达集团有限公司	36	江苏华西集团公司
12	江苏恒泽复合材料科技有限公司	37	柳工无锡路面机械有限公司
13	申达集团有限公司	38	江阴市长乐新科技电源有限公司
14	江阴苏龙热电有限公司	39	江苏海达科技集团有限公司
15	江苏阳光集团有限公司	40	江苏润玖纺织有限公司
16	江阴新仁科技有限公司	41	达门船用设备（江阴）有限公司
17	江阴热电有限公司	42	江阴市宏源机械有限公司
18	江苏吉鑫风能科技股份有限公司	43	江阴景众合金科技有限公司
19	江阴市恒润环锻有限公司	44	江阴中南重工集团有限公司
20	江阴华润制钢有限公司	45	江阴东升新能源有限公司
21	江阴市京澄玻璃有限公司	46	江阴市海江高分子材料有限公司
22	江阴市友佳珠光云母有限公司	46	江阴市强力化纤有限公司
23	江苏方程电力科技有限公司	46	江阴市山泉污水处理厂
24	中铁建电气化局集团康远新材料有限公司	49	江苏中基复合材料有限公司
25	江阴东南重工机械有限公司	50	中船澄西船舶修造有限公司

2015年全市开票销售收入前50名工业企业

名次	单 位 名 称	名次	单 位 名 称
1	海澜集团有限公司	26	江苏嘉盛新材料有限公司
2	江苏三房巷集团有限公司	27	江苏蝙蝠塑料集团有限公司
3	江阴兴澄特种钢铁有限公司	28	江阴中南重工集团有限公司
4	江苏华西集团公司	29	瀚宇博德科技（江阴）有限公司
5	江阴澄星实业集团有限公司	30	江阴市长乐新科技电源有限公司
6	江苏阳光集团有限公司	31	江阴市百舸有色金属材料有限公司
7	江苏扬子江船业集团公司	32	中建材浚鑫科技股份有限公司
8	远景能源（江苏）有限公司	33	帝斯曼工程塑料（江苏）有限公司
9	江苏华宏实业集团有限公司	34	江苏红柳床单有限公司
10	江苏新长江实业集团有限公司	35	建滔电子材料（江阴）有限公司
11	江苏新华发集团有限公司	36	江苏利安达集团有限公司
12	双良集团有限公司	37	江阴市天达针纺织有限公司
13	江苏法尔胜泓昇集团有限公司	38	江苏吉鑫风能科技股份有限公司
14	江苏利电能源集团	39	江苏福尔泰铜铝集团
15	江阴新和桥化工有限公司	40	江阴市申澄集团有限公司
16	江苏海达科技集团有限公司	41	江苏向阳集团有限公司
17	海润光伏科技股份有限公司	42	江苏富仁集团有限公司
18	中石油江苏燃料沥青有限责任公司	43	江苏云蝠服饰股份有限公司
19	江苏新潮科技集团有限公司	44	江阴福汇纺织有限公司
20	江阴江东集团公司	45	江阴长江投资集团有限公司
21	阿尔法（江阴）沥青有限公司	46	江阴市强力化纤有限公司
22	中船澄西船舶修造有限公司	47	江阴电工合金股份有限公司
23	江苏倪家巷集团有限公司	48	江阴宗承钢铁有限公司
24	江阴苏龙热电有限公司	49	江苏焱鑫科技集团有限公司
25	江阴模塑集团有限公司	50	江苏鼎威科技集团有限公司

2015年全市入库税金前50名工业企业

名次	单位名称	名次	单位名称
1	海澜集团有限公司	26	阿法拉伐（江阴）设备制造有限公司
2	江苏利电能源集团	27	江苏华宏实业集团有限公司
3	江阴兴澄特种钢铁有限公司	28	江阴热电有限公司
4	江苏扬子江船业集团公司	29	江苏中印印务集团有限公司
5	江苏法尔胜泓昇集团有限公司	30	江苏倪家巷集团有限公司
6	江苏华西集团公司	31	中石油江苏燃料沥青有限责任公司
7	双良集团有限公司	32	江苏云蝠服饰股份有限公司
8	江苏阳光集团有限公司	33	江阴澄星实业集团有限公司
9	江阴苏龙热电有限公司	34	江苏海豹集团
10	瀚宇博德科技（江阴）有限公司	35	江苏吉鑫风能科技股份有限公司
11	江苏新长江实业集团有限公司	36	江苏天华纱业集团
12	远景能源（江苏）有限公司	37	江苏红柳床单有限公司
13	江阴江东集团公司	38	江阴市申澄集团有限公司
14	江苏海达科技集团有限公司	39	江阴宝柏包装有限公司
15	江苏利安达集团有限公司	40	江阴信邦电子有限公司
16	江阴天江药业有限公司	41	江阴电工合金股份有限公司
17	申达集团有限公司	42	江阴海达橡塑股份有限公司
18	江苏三房巷集团有限公司	43	江阴福汇纺织有限公司
19	江苏新潮科技集团有限公司	44	江苏焱鑫科技集团有限公司
20	阿尔法（江阴）沥青有限公司	45	江苏宝利沥青股份有限公司
21	江阴新和桥化工有限公司	46	建滔电子材料（江阴）有限公司
22	江苏富仁集团有限公司	47	威茨曼金属制品(江阴)有限公司
23	江苏江南水务股份有限公司	48	江苏泓源光电科技有限公司
24	江阴模塑集团有限公司	49	江阴南泰家纺用品有限公司
25	帝斯曼工程塑料（江苏）有限公司	50	江苏中基复合材料有限公司

2015年全市开票销售收入前30名服务业企业

名 次	单 位 名 称
1	见龙国际贸易有限公司
2	江苏省电力公司江阴市供电公司
3	江阴海澜之家供应链管理有限公司
4	江苏省华贸进出口有限公司
5	江苏天晨船舶进出口有限公司
6	江阴长三角钢铁集团有限公司
7	江苏三房巷国际贸易有限公司
8	江苏江阴农村商业银行股份有限公司
9	江苏大经集团有限公司
10	中国石化销售有限公司江苏江阴石油分公司
11	江阴福奥特国际贸易有限公司
12	江阴利泰能源材料有限公司
13	无锡市烟草公司江阴分公司
14	江阴市润德物资有限公司
15	江阴利电煤炭运销有限公司
16	江阴天力燃气有限公司
17	江苏金一文化发展有限公司
18	江苏金一黄金珠宝有限公司
19	交通银行股份有限公司江阴支行
20	中国农业银行股份有限公司江阴分行
21	中国移动通信集团江苏有限公司江阴分公司
22	江阴利源煤炭有限公司
23	江阴华地百货有限公司
24	中国银行股份有限公司江阴支行
25	江苏长博集团有限公司
26	江阴市全顺汽车有限公司
27	江阴市长江钢管有限公司
28	中国建设银行股份有限公司江阴支行
29	华中融资租赁有限公司
30	中国电信股份有限公司江阴分公司

2015年全市入库税金前30名服务业企业

名 次	单 位 名 称
1	江苏省电力公司江阴市供电公司
2	江阴海澜之家供应链管理有限公司
3	江苏江阴农村商业银行股份有限公司
4	江阴天力燃气有限公司
5	江阴市锡能实业有限公司
6	见龙国际贸易有限公司
7	无锡市烟草公司江阴分公司
8	华中融资租赁有限公司
9	江苏金一文化发展有限公司
10	江苏阳光置业发展有限公司
11	江阴华地百货有限公司
12	江阴利泰能源材料有限公司
13	江苏华都置业有限公司
14	江阴金科置业发展有限公司
15	江阴市长江房地产开发公司
16	江苏江阴经济开发区靖江园区扬子劳务工程有限公司
17	江苏新沿海商品交易中心有限公司
18	江阴市鼎阳置业有限公司
19	江阴利锦热力有限公司
20	江苏长博集团有限公司
21	江阴市长江钢管有限公司
22	江阴市金顾山物流中心有限公司
23	中国石化销售有限公司江苏江阴石油分公司
24	江苏江阴港港口集团股份有限公司
25	中国移动通信集团江苏有限公司江阴分公司
26	江阴爱家房地产实业有限公司
27	江苏大众医药集团
28	江阴万邦置业有限公司
29	江阴爱家房地产投资有限公司
30	江阴高新区碧桂园置业有限公司

2015年出口前30名企业排行表

名 次	单 位 名 称
1	江苏扬子江船业集团有限公司
2	中船澄西船舶修造有限公司
3	江苏三房巷集团有限公司
4	江苏新潮科技集团有限公司
5	江阴兴澄特种钢铁有限公司
6	江苏法尔胜泓昇集团有限公司
7	江苏红柳床单有限公司
8	江阴福汇纺织有限公司
9	江阴宗承钢铁有限公司
10	海润光伏科技股份有限公司
11	江苏阳光集团有限公司
12	江苏海达科技集团有限公司
13	江苏新长江实业集团有限公司
14	江阴澄星实业集团有限公司
15	云蝠投资控股有限公司
16	江苏爱康科技股份有限公司
17	江苏华宏实业集团有限公司
18	江阴联通实业有限公司
19	中建材浚鑫科技股份有限公司
20	江苏吉鑫风能科技股份有限公司
21	瀚宇博德科技（江阴）有限公司
22	江苏华西集团公司
23	江苏申利实业股份有限公司
24	江阴江东集团公司
25	帝斯曼工程塑料（江苏）有限公司
26	阿法拉伐（江阴）设备制造有限公司
27	江阴南泰家纺用品有限公司
28	江苏双良集团有限公司
29	江阴信邦电子有限公司
30	江阴天虹板业有限公司

第十六篇

基层篇

2015年末各村（居委）人口（一）

单位：人

	户数（户）	人口数		
		合计	男	女
全市合计	**371183**	**1241045**	**617047**	**623998**
澄江街道	**90337**	**266351**	**131389**	**134962**
文定社区居委会	3770	10824	5444	5381
环城东路社区居委会	2621	7592	3671	3920
西大街社区居委会	1770	4822	2457	2365
芙蓉社区居委会	2267	6314	3062	3252
澄康路社区居委会	5153	15653	7746	7907
澄江路社区居委会	4660	13965	6955	7010
花园社区居委会	4531	12966	6432	6534
大桥社区居委会	2277	6749	3319	3430
澄南社区居委会	3000	8666	4094	4573
天鹤社区居委会	3068	8636	4366	4270
新华社区居委会	3867	11152	5540	5612
立新社区居委会	2380	7303	3658	3645
贯庄社区居委会	2453	7204	3587	3617
北大街社区居委会	2752	6919	3368	3551
蒲桥社区居委会	3276	9038	4479	4559
先锋社区居委会	2744	7680	3760	3920
革新社区居委会	2133	6333	3086	3247
文富社区居委会	4002	11864	5857	6007
浮桥社区居委会	3725	10874	5336	5538
梅园社区居委会	987	2948	1442	1506
黄山社区居委会	4197	12488	6130	6358

2015年末各村（居委）人口（二）

单位：人

	户数（户）	人口数		
		合计	男	女
城中社区居委会	4744	14112	6989	7124
塔南社区居委会	2882	7767	3794	3973
君山社区居委会	3044	8791	4098	4694
普惠苑社区居民委员会	1452	4887	2471	2416
江锋社区居委会	1736	4734	2384	2349
夏东社区居委会	1764	5799	3080	2720
普惠社区居委会	974	3146	1516	1629
绮山村村委会	748	2237	1083	1154
皮弄村村委会	1213	3911	1912	1998
花北村村委会	714	2055	1038	1017
谢园村村委会	506	1597	788	809
斜泾村村委会	325	913	445	469
谢北村村委会	821	2631	1313	1318
工农村村委会	691	2272	1099	1172
红光村村委会	867	3400	1684	1716
通运村村委会	617	2255	1087	1167
璜塘上村村委会	731	2638	1269	1369
秦泾村村委会				
绿园村村委会				
五云桥村村委会				
塔南村村委会				
君山村村委会				
葫桥村村委会	873	3215	1550	1665

2015年末各村（居委）人口（三）

单位：人

	户数（户）	人口数		
		合计	男	女
黄田港村村委会				
南闸街道	**14160**	**48279**	**24485**	**23794**
紫金社区居委会	1998	6034	3026	3008
花果村村委会	1015	3452	1761	1691
谢南村村委会	983	3360	1669	1691
曙光村村委会	1196	4532	2329	2203
涂镇村村委会	1041	3663	1841	1822
南新村村委会	262	827	408	419
南闸村村委会	1071	3681	1891	1790
蔡泾村村委会	1841	6298	3140	3158
观山村村委会	914	3184	1603	1581
泗河村村委会	912	3310	1694	1616
观西村村委会	1182	4101	2136	1965
龙运村村委会	1745	5837	2987	2850
云亭街道	**12740**	**46109**	**22916**	**23193**
云亭社区居委会	1243	4296	2268	2028
新敔山社区居委会	1500	4942	2452	2490
迎瑞社区居委会				
金云社区居委会				
定山村村委会	2040	7803	3847	3956
云新村村委会	1387	4560	2150	2410
毗山村村委会	2345	8850	4431	4419
云亭村村委会	1392	5328	2606	2722

2015年末各村（居委）人口（四）

单位：人

	户数（户）	人口数		
		合计	男	女
佘城村村委会	1437	5241	2629	2612
花山村村委会	1396	5089	2533	2556
临港街道	**36251**	**129100**	**64646**	**64454**
夏港社区居委会	1192	3313	1634	1679
申港社区居委会	595	2256	1118	1138
江南社区居委会	270	1034	529	505
申浦社区居委会	979	3517	1762	1755
申兴社区居委会	1754	6541	3275	3266
苏港路社区居委会	225	565	311	254
兴利社区居委会	736	2871	1321	1550
西安社区居委会	628	2255	1162	1093
兴港社区居委会	896	2896	1452	1444
龙港社区居委会	622	2097	1009	1088
仁和社区居委会	745	2838	1416	1422
后梅社区居委会	810	2609	1303	1306
东支社区居委会	717	2525	1259	1266
西石桥社区居委会	1517	4748	2351	2397
陈墅社区居委会	1016	3525	1796	1729
利港社区居委会	1759	6077	3108	2969
江市社区居委会	1168	4104	2077	2027
锦湖苑社区居委会	175	748	377	371
于门村村委会	741	2773	1419	1354
滨江村村委会	1573	5893	2957	2936

2015年末各村（居委）人口（五）

单位：人

	户数（户）	人口数		
		合计	男	女
创新村村委会	1027	3817	1926	1891
横塘村村委会	1138	4213	2115	2098
东刘村村委会	667	2495	1245	1250
申西村村委会	1195	4352	2145	2207
申南村村委会	1802	6879	3497	3382
申港村村委会	849	2947	1474	1473
长江村村委会	928	3714	1830	1884
新沟村村委会	205	649	339	310
李沟头村村委会	197	729	364	365
三元村村委会	582	2150	1062	1088
三联村村委会	1204	4319	2172	2147
夏南村村委会	1249	4696	2324	2372
景贤村村委会	570	2111	1038	1073
苍山村村委会	1073	3499	1758	1741
巨轮村村委会	1118	4190	2121	2069
黄丹村村委会	1196	4484	2271	2213
西奚墅村村委会	832	3088	1552	1536
维常村村委会	816	2830	1438	1392
北郭庄村村委会	1485	4753	2339	2414
物流和软件园区				
璜土镇	**17348**	**57364**	**28700**	**28664**
利城村村委会	1117	4262	2185	2077
北湖西村村委会	875	2885	1452	1433

2015年末各村（居委）人口（六）

单位：人

	户数（户）	人口数		
		合计	男	女
高栗村村委会	1542	5245	2614	2631
璜土村村委会	1718	5195	2601	2594
小湖村村委会	2270	7568	3747	3821
篁村村村委会	1879	6125	3036	3089
常泽桥村委会	1115	3650	1807	1843
汇南村村委会	1007	2708	1361	1347
芦墩村村委会	1005	3049	1549	1500
石庄村村委会	1120	3583	1778	1805
花港苑村村委会	2838	10184	5107	5077
启港苑村村委会	862	2910	1463	1447
月城镇	**12292**	**43682**	**21714**	**21968**
月城社区居委会	1195	3571	1822	1749
戴庄村村委会	1483	5285	2608	2677
月城村村委会	1519	5309	2648	2661
秦皇村村委会	888	3548	1716	1832
沿山村村委会	1197	4444	2238	2206
卧龙村村委会	1178	4280	2104	2176
双泾村村委会	2054	7315	3682	3633
下塘村村委会	867	3075	1484	1591
蔡庄村村委会	710	2490	1252	1238
黄桥村村委会	1201	4365	2160	2205
青阳镇	**20343**	**70102**	**35096**	**35006**
桐岐社区居委会	94	225	109	116

2015年末各村（居委）人口（七）

单位：人

	户数（户）	人口数		
		合计	男	女
旌阳社区居委会	1277	4074	2055	2019
迎秀社区居委会	1870	5738	2900	2838
旌秀社区居委会	224	653	319	334
街西村村委会	578	1813	815	998
青联村村委会	905	3042	1408	1634
小桥村村委会	1327	4870	2445	2425
建义村村委会	940	3329	1745	1584
普照村村委会	1355	4521	2289	2232
悟空村村委会	1471	4505	2289	2216
芦塘村村委会	1344	4992	2487	2505
里旺里村村委会	1428	5224	2610	2614
邓阳村村委会	715	2657	1349	1308
塘头桥村村委会	1147	3927	2010	1917
泗河口村村委会	1126	4330	2165	2165
赵宕村村委会	1106	4110	2052	2058
桐岐村村委会	1023	3533	1763	1770
新安村村委会	998	3588	1827	1761
树家村村委会	1415	4971	2459	2512
徐霞客镇	**32614**	**109881**	**54860**	**55021**
金凤村村委会	1581	4556	2285	2271
任九房村村委会	1501	4382	2166	2216
方园村村委会	2016	7953	3882	4071
新须毛村村委会	984	3632	1785	1847

2015年末各村（居委）人口（八）

单位：人

	户数（户）	人口数		
		合计	男	女
璜东村村委会	1059	3060	1527	1533
上东村村委会	1742	6702	3359	3343
璜塘村村委会	1387	5588	2718	2870
北渚村村委会	2030	6536	3231	3305
徐霞客村村委会	1269	5053	2494	2559
马镇村村委会	1127	3185	1569	1616
湖塘村村委会	1040	2937	1482	1455
红星村村委会	1402	4962	2479	2483
阳庄村村委会	1250	4372	2167	2205
皋岸村村委会	1789	5031	2568	2463
东宏村村委会	1769	4904	2485	2419
黎明村村委会	1279	4504	2258	2246
峭岐村村委会	2335	7844	3889	3955
钓岐村村委会	1576	5469	2757	2712
宏岐村村委会	1750	6228	3145	3083
新街村村委会	968	2742	1440	1302
南苑村村委会	2760	10241	5174	5067
华士镇	**26448**	**92762**	**46095**	**46667**
华士社区居委会	2518	6521	3261	3260
陆桥社区居委会	562	1492	752	740
华西新市村村委会	475	1968	963	1005
华西一村村委会	1233	4539	2249	2290
华西二村村委会	1053	3725	1862	1863

2015年末各村（居委）人口（九）

单位：人

	户数（户）	人口数		
		合计	男	女
华西三村村委会	858	3185	1600	1585
华西四村村委会	518	1828	909	919
华西五村村委会	728	2747	1383	1364
华西六村村委会	658	2376	1215	1161
华西七村村委会	626	2324	1168	1156
华西八村村委会	814	2901	1477	1424
华西九村村委会	514	1910	995	915
华西十村村委会	675	2550	1260	1290
华西十一村村委会	853	3075	1518	1557
华西十二村村委会	572	2130	1077	1053
华西十三村村委会	972	3464	1703	1761
华士村村委会	1158	3713	1742	1971
向阳村村委会	703	2820	1426	1394
陆南村村委会	748	2653	1328	1325
陆桥村村委会	880	3086	1532	1554
陆新村村委会	932	3165	1572	1593
红苗村村委会	722	2497	1239	1258
陆丰村村委会	1040	3782	1869	1913
勤丰村村委会	981	3757	1852	1905
华中村村委会	1366	4749	2290	2459
华益村村委会	1127	4223	2078	2145
龙河村村委会	1346	4883	2417	2466
曙新村村委会	988	3556	1772	1784

2015年末各村（居委）人口（十）

单位：人

	户数（户）	人口数		
		合计	男	女
龙砂村村委会	828	3143	1586	1557
周庄镇	**29477**	**105026**	**52737**	**52289**
南新社区居委会	991	2236	1224	1012
北新社区居委会	906	2293	1179	1114
长寿社区居委会	658	1541	791	750
周庄村村委会	3825	14375	7166	7209
金湾村村委会	1349	5243	2518	2725
三房巷村村委会	2893	10664	5351	5313
鸡笼山村村委会	742	2803	1391	1412
山泉村村委会	817	3164	1557	1607
华宏村村委会	2213	8523	4276	4247
陶城村村委会	1965	6571	3367	3204
东林村村委会	1127	4089	2064	2025
宗言村村委会	2156	8296	4182	4114
稷山村村委会	829	3011	1538	1473
倪家巷村村委会	1455	5774	2840	2934
周西村村委会	974	3782	1918	1864
长乐村村委会	1166	4217	2140	2077
长寿村村委会	2947	10342	5181	5161
长南村村委会	2464	8102	4054	4048
新桥镇	**7180**	**25563**	**12565**	**12998**
绿园社区居委会	17	50	27	23

2015年末各村（居委）人口（十一）

单位：人

	户数（户）	人口数		
		合计	男	女
康定社区居委会	30	89	43	46
黄河社区居委会	3	8	4	4
郁桥村村委会	583	2130	1028	1102
圩里村村委会	844	3163	1541	1622
黄河村村委会	593	2153	1050	1103
新桥村村委会	1559	5347	2675	2672
雷下村村委会	521	1842	877	965
六保村村委会	347	1234	603	631
马嘶村村委会	1030	3667	1814	1853
何巷村村委会	619	2119	1064	1055
苏墅村村委会	619	2258	1124	1134
苏圩村村委会	415	1503	715	788
长泾镇	**16238**	**56657**	**27764**	**28893**
泾南村村委会	2152	6683	3319	3364
和平村村委会	888	3284	1627	1657
泾东村村委会	1745	5569	2728	2841
习礼村村委会	1152	4014	1942	2072
长东村村委会	1145	4141	2030	2111
南国村村委会	1614	5656	2762	2894
花园村村委会	1433	4740	2279	2461
刘桥村村委会	1379	4904	2430	2474
蔡桥村村委会	634	2425	1197	1228

2015年末各村（居委）人口（十二）

单位：人

	户数（户）	人口数		
		合计	男	女
河塘村村委会	1419	5357	2600	2757
蒲市村村委会	1206	4688	2261	2427
王家村村委会	1471	5196	2589	2607
顾山镇	**16607**	**56144**	**27388**	**28756**
顾山社区居委会	2302	6642	3255	3387
北国社区居委会	1531	4448	2184	2264
新龚村村委会	2276	8208	3996	4212
南曹庄村村委会	966	3780	1787	1993
红豆村村委会	1484	5476	2661	2815
顾北村村委会	834	2862	1380	1482
国东村村委会	900	3131	1539	1592
解放村村委会	805	2725	1344	1381
赤岸村村委会	1123	3907	1921	1986
鉴青村村委会	666	2137	1056	1081
万兴村村委会	973	3168	1593	1575
李家桥村村委会	795	2858	1383	1475
国南村村委会	920	3182	1545	1637
东岐村村委会	1032	3620	1744	1876
祝塘镇	**16945**	**60940**	**30202**	**30738**
建南村村委会	1606	6195	3027	3168
永平村村委会	1263	4948	2479	2469
金庄村村委会	1932	7327	3615	3712

2015年末各村（居委）人口（十三）

单位：人

	户数（户）	人口数		
		合计	男	女
茂龙村村委会	921	3545	1786	1759
永昌村村委会	1242	5004	2497	2507
景阳村村委会	1610	5118	2517	2601
五福村村委会	1436	4863	2424	2439
富顺村村委会	1601	5479	2784	2695
石堰村村委会	1062	3649	1813	1836
北湾村村委会	944	3272	1612	1660
河湘村村委会	1286	4592	2245	2347
文林村村委会	2042	6948	3403	3545
高新区	**22203**	**73085**	**36490**	**36595**
山观社区居委会	561	1479	759	720
长山社区居委会	1963	6381	3321	3060
滨江社区居委会	1555	5074	2596	2478
锦隆社区居委会	1277	4009	2002	2007
双牌社区居委会	1985	6391	3147	3244
东新居委会	83	241	111	130
肖山居委会	13	37	14	23
双牌居委会	55	119	61	58
杨市居委会	107	334	159	175
石牌社区居委会	2217	7203	3560	3643
杨市社区居委会	1683	5330	2599	2731
金山社区居委会	18	56	30	26

2015年末各村（居委）人口（十四）

单位：人

	户数（户）	人口数		
		合计	男	女
蟠龙社区居委会				
寿山社区居委会	1055	3970	1995	1975
山源社区居委会	1651	5988	2921	3067
金童社区居委会	840	2630	1305	1325
山观村村委会	636	2074	1037	1037
许姚村村委会	1300	4163	2103	2060
朝阳村村委会	599	2368	1171	1197
洪流村村委会	518	1916	976	940
心经村村委会	448	1497	734	763
香山村村委会	1124	4104	2047	2057
江海村村委会	8	22	7	15
胜利村村委会	90	233	110	123
江虹村村委会				
白沙村村委会	18	74	37	37
安全村村委会	134	455	219	236
石牌村村委会	381	1253	611	642
陈桥村村委会				
长山村村委会	259	902	435	467
杨宦村村委会	4	12	3	9
任桥村村委会	69	196	95	101
勇峰村村委会	1180	3557	1813	1744
团结村村委会	263	779	396	383
红岩村村委会	109	238	116	122

第 十 七 篇

统计信息交流篇

2015年统计信息交流资料（一）

	年末户籍总户数（万户）	年末户籍总人口（万人）	常住人口（万人）	区域面积（平方公里）	地区生产总值（亿元）
武　进	32.87	93.03	143.62	1065.27	1830.00
常　熟	32.79	106.82	151.01	1276.00	2044.88
张家港	33.18	92.28	125.31	986.73	2229.82
昆　山	26.57	78.70	165.12	931.51	3080.01
吴　江	25.76	81.80	129.68	1176.60	1540.09
太　仓	14.91	47.96	70.95	809.93	1100.08
江　阴	37.12	124.10	163.68	986.97	2880.86
宜　兴	37.59	108.29	125.33	1996.60	1285.66
锡　山	12.99	43.51	70.28	399.00	650.18
惠　山	14.20	45.68	70.66	325.12	669.16
江　宁	35.53	99.36	119.14	1561.00	1523.76
通　州	50.05	126.59	114.19	1525.70	940.16
启　东	45.32	112.06	95.40	1233.80	803.14
海　门	38.43	100.04	90.43	1148.00	915.02
靖　江	21.35	66.61	68.69	655.58	748.09
柯　桥	22.11	65.36		1066.00	1200.11
萧　山	37.50	126.33	156.10	1420.00	1812.79
鄞　州	34.57	86.59	139.10	1346.00	1350.14
余　杭	26.25	95.09	125.89	1228.00	1235.66
诸　暨	41.19	107.94		2311.00	1026.78
慈　溪	42.07	104.71	149.70	1361.00	1137.07
顺　德	37.00	128.49	253.53	806.57	2587.45
南　海	39.05	128.00	270.56	1073.82	2226.97
三　水	12.55	40.60	63.85	827.69	1009.79
嘉　定	21.98	59.81	156.80	463.16	1756.10
青　浦	16.99	47.18	120.91	668.52	878.23
莱　州	26.87	85.12	88.20	1928.00	717.05
荣　成	24.41	66.78	71.10	1526.20	1022.30
滕　州	50.76	168.85	165.65	1495.00	1005.05
晋　江	30.09	111.82	207.80	649.32	1620.47

2015年统计信息交流资料（二）

	（1）第一产业（亿元）	（2）第二产业（亿元）	#工业（亿元）	（3）第三产业（亿元）	#交通运输业（亿元）	#批发零售业（亿元）
武　进	38.76	1018.98	972.23	772.26	140.14	137.73
常　熟	40.76	1064.27	1011.88	939.85	68.16	371.63
张家港	30.34	1190.76	1132.68	1008.72	128.24	390.73
昆　山	28.88	1695.68	1597.62	1355.45	105.25	301.38
吴　江	41.40	804.11	753.95	694.58	73.64	206.25
太　仓	37.21	564.53	529.25	498.34	106.68	31.74
江　阴	46.28	1584.42	1515.18	1250.16	68.76	481.63
宜　兴	50.34	659.05	559.96	576.27	20.49	155.65
锡　山	17.78	339.84	288.61	292.56	8.73	110.43
惠　山	16.91	397.91	362.62	254.34	4.87	112.81
江　宁	56.10	823.19	705.02	644.48	52.91	83.48
通　州	54.49	476.75	395.89	408.92	45.10	110.77
启　东	65.45	389.13	306.70	348.56	18.49	101.31
海　门	51.80	471.59	390.45	391.63	21.28	112.57
靖　江	20.55	384.08	314.74	343.46	40.05	49.32
柯　桥	33.91	644.56	566.14	521.64	36.78	265.04
萧　山	63.85	920.10	847.35	828.84	70.37	157.38
鄞　州	39.47	724.50	669.80	586.16	21.01	146.00
余　杭	47.07	455.11	413.47	733.47	12.23	37.57
诸　暨	50.60	542.69	459.55	433.49	38.52	163.05
慈　溪	49.71	656.05	606.65	431.31	33.62	158.62
顺　德	38.31	1512.94	1461.17	1036.20	81.20	177.30
南　海	49.46	1323.28	1269.53	854.22	47.14	163.08
三　水	30.78	766.78	685.71	212.23	16.44	36.62
嘉　定	4.30	1200.00	1156.20	551.80	28.70	197.10
青　浦	8.94	443.13	421.70	426.15	34.04	132.50
莱　州	68.12	373.44	352.28	275.49	14.63	91.49
荣　成	83.10	474.70	448.30	464.40	45.60	80.80
滕　州	71.46	513.26	446.69	420.33	27.76	158.13
晋　江	19.03	1077.94	1016.96	523.49	105.21	151.78

2015年统计信息交流资料（三）

	#房地产业（亿元）	#金融保险业（亿元）	农林牧渔业总产值（亿元）	#种植业（亿元）	粮食总产量（万吨）	规模以上工业企业个数（个）
武进	59.26	76.96	66.15	42.79	10.11	1620
常熟	80.19	95.54	76.20	44.17	30.60	1387
张家港	71.92	108.01	59.32	33.19	24.61	1126
昆山	298.19	140.32	52.37		10.68	1874
吴江	84.57	94.93	73.51	30.74	17.49	1409
太仓	37.38	59.85	70.13	30.69	19.49	1140
江阴	115.09	123.53	89.03	41.24	17.65	1399
宜兴	69.37	75.29	89.22	53.02	45.56	916
锡山	39.16	31.54	33.20	19.95	6.15	647
惠山	29.44	28.97	30.49	22.40	1.61	832
江宁	108.38	116.20	98.09	58.75	23.42	669
通州	54.92	41.07	60.11		53.88	758
启东	36.97	38.45	127.85	42.38	26.29	510
海门	43.37	42.86	90.85	45.53	19.46	648
靖江	45.95	35.96	36.38	20.63	33.94	481
柯桥	55.33	47.98	49.92	31.94	11.35	1227
萧山	130.12	132.73	104.42	61.93	13.10	1742
鄞州	116.53	102.33	57.70	42.88	17.00	1783
余杭	67.31	48.68	74.21	42.18	10.99	1235
诸暨	43.38	42.45	78.24	45.81	29.80	1134
慈溪	51.45	41.94	74.20	46.80	11.38	1445
顺德	225.57	119.37	86.02	19.22	0.05	1630
南海	224.29	119.14	88.44		0.70	
三水	50.37	16.03	66.95	19.74	3.52	792
嘉定	66.70	55.40	11.30	8.00	5.90	1202
青浦	57.16	43.74	22.80	14.61	2.60	863
莱州	15.81	20.12	123.76	56.74	57.91	370
荣成	41.30	23.80	153.00	25.20	23.80	582
滕州	37.23	29.34	143.42	99.58	87.88	477
晋江	65.22	54.61	38.68	7.78	4.81	1456

2015年统计信息交流资料（四）

	全部工业总产值（亿元）	#规模以上总产值（亿元）	规模以上工业主营业务收入（亿元）	规模以上工业利润总额（亿元）
武进	4978.62	4360.93	4551.36	245.48
常熟	4554.30	3612.54	3547.87	168.60
张家港	5255.85	4605.77	4584.33	134.92
昆山	9000.28	8256.89		398.91
吴江	3831.00	3020.82	2936.73	120.56
太仓	2655.58	1993.08	1918.99	126.23
江阴	6527.63	5772.44	5517.77	351.12
宜兴	3502.89	2865.75	2725.52	118.50
锡山	1320.30	1178.10	1105.80	61.10
惠山	1464.57	1167.05	1132.34	82.58
江宁		2916.07	2362.03	294.99
通州		2034.66	1989.96	140.81
启东	2390.91	1674.02	1604.35	121.55
海门		1892.29	1877.27	206.49
靖江		2134.26	2026.77	156.85
柯桥		3472.47	3388.86	192.41
萧山	4279.35	3791.27	3670.86	202.67
鄞州	2950.47	2365.58	2301.31	144.04
余杭	2020.96	1458.08	1426.63	85.27
诸暨	3042.86	3530.76	2186.89	130.60
慈溪	2883.08	2154.53	2052.12	113.06
顺德	6545.10	6027.16	5496.17	459.33
南海	5794.80	5301.07	5139.46	
三水	3018.23	2973.03	2862.26	203.09
嘉定		4895.30	5100.00	562.70
青浦	1758.03	1519.08	1565.83	95.51
莱州		1579.09	1491.75	118.04
荣成		2899.80	2802.70	151.10
滕州	1568.67	1288.00	1365.98	68.84
晋江	4002.47	3616.58	3324.91	238.35

2015年统计信息交流资料（五）

	全社会固定资产投资（亿元）	（1）工业投资（亿元）	（2）房地产投资（亿元）	进出口总额（亿美元）	#出口总额（亿美元）	到位注册外资（亿美元）
武进	971.53	552.65	159.26	94.26	68.07	7.38
常熟	631.22	284.01	150.58	221.57	146.10	8.05
张家港	756.05	390.01	164.13	292.69	148.29	6.50
昆山	810.61	267.35	412.66	834.53	537.96	11.01
吴江	720.57	300.09	206.01	225.46	144.27	9.70
太仓	500.01	275.22	224.41	127.71	63.11	5.01
江阴	1128.59	514.58	260.39	203.11	124.12	10.11
宜兴	663.55	376.12	133.24	38.20	29.18	2.00
锡山	640.49	302.10	70.83	43.23	33.86	3.34
惠山	588.88	203.91	75.65	25.84	22.36	2.81
江宁	913.49	453.20	175.33	118.03	76.14	7.05
通州	597.74	338.86	64.52	35.83	31.57	2.80
启东	539.06	329.29	63.36	30.67	24.81	2.25
海门	565.32	343.94	39.34	22.54	14.19	6.08
靖江	495.86	304.95	40.08	29.89	18.07	2.56
柯桥	663.14	326.54	146.65	112.33	104.16	2.31
萧山	963.12	238.74	330.11	118.85	91.58	14.99
鄞州	693.09	192.53	376.18	146.93	123.15	5.42
余杭	920.00	139.67	466.45	54.33	50.55	10.86
诸暨	649.03	289.51	168.28	46.93	40.96	2.00
慈溪	718.96	350.81	199.68	102.44	89.38	6.18
顺德	643.09	184.70	261.44	257.70	206.90	9.30
南海	923.15	260.22	360.88	201.70	123.30	8.63
三水	582.14	405.81	62.20	25.87	17.88	
嘉定	451.90	86.00	285.70	188.30	94.60	6.40
青浦	423.14	43.57	321.75	128.22	75.97	4.11
莱州	440.24	226.50	13.37	20.39	12.62	2.03
荣成	733.60	403.80	51.00	29.80	22.90	1.60
滕州	601.71	271.22	74.49	5.12	4.82	0.55
晋江	905.88	298.36	175.36	149.11	82.73	5.20

2015年统计信息交流资料（六）

	社会消费品零售总额（亿元）	公共财政预算收入（亿元）	金融机构各项存款余额（亿元）	#住户存款（亿元）	金融机构各项贷款余额（亿元）
武　进	478.86	140.38	2162.38		1538.94
常　熟	675.64	157.70	2418.40	1104.60	1930.91
张家港	490.76	174.22	2477.43	966.58	1983.70
昆　山	714.68	284.76	3482.17	1054.02	2350.04
吴　江	419.05	147.39	2080.39	807.95	2120.81
太　仓	262.58	114.54	1311.48	490.30	1166.68
江　阴	705.16	218.92	3099.29	1034.54	2485.51
宜　兴	506.96	102.50	1851.72	914.78	1389.42
锡　山	148.58	66.24	893.53	381.10	788.12
惠　山	160.58	76.79	609.52	351.77	465.26
江　宁	418.40	191.73	1970.20	662.30	1076.50
通　州	307.73	80.65	1251.55	803.35	678.04
启　东	293.06	76.86	1083.65	712.41	651.28
海　门	311.15	78.40	1174.97	702.25	693.29
靖　江	159.41	67.27	866.54	435.41	651.34
柯　桥	233.37	97.85	1624.94	764.54	1242.06
萧　山	573.92	160.08	3273.23	1320.95	2909.87
鄞　州	498.10	189.60	1925.90	895.58	1727.60
余　杭	391.21	187.65	1970.86		1399.17
诸　暨	352.45	71.59	1195.83	642.55	1197.70
慈　溪	477.46	112.26	1753.50	973.70	1840.70
顺　德	870.82	187.47	3421.88	2096.16	2731.45
南　海	868.47	185.50	4352.01	2225.68	2529.15
三　水	187.51	45.49	589.61	342.90	392.33
嘉　定	872.90	191.40	2184.50	1082.40	1094.70
青　浦	489.67	125.33	1335.93	589.56	738.79
莱　州	306.69	57.28	593.27	464.52	267.01
荣　成	326.50	67.30	610.60	380.30	416.10
滕　州	364.46	70.50	505.85	389.48	415.50
晋　江	535.71	117.20	1415.01	741.61	1152.87

2015年统计信息交流资料（七）

	农民人均可支配收入（元）	农民人均生活消费支出（元）	城镇居民人均可支配收入（元）	城镇居民人均生活消费支出（元）	城镇在岗职工人均工资（元）
武进	23531	15650	44738	25006	72444
常熟	25811	18686	50413	29323	71290
张家港	25715	16623	50618	29664	70694
昆山	25978	16819	50749	30363	64285
吴江	25413	15738	50499	33369	63011
太仓	25643	17333	50134	31488	78407
江阴	26012	16716	50701	26970	72921
宜兴	21910	14999	42750	26862	
锡山	24355	14275	43045	21355	65747
惠山	24414	12324	43756	24047	71524
江宁	20001	15888	44735	28693	
通州	18361	13248	37646	22052	64799
启东	18287	13083	34566	28060	63515
海门	18987	13124	37404	24555	65339
靖江	18045	15124	36790	24843	58458
柯桥	29177	17905	50741	28188	55559
萧山	29354	25959	51490	36783	64535
鄞州	29110	20470	50215	33029	59785
余杭	29159	24678	49273	35397	
诸暨	27885	18374	49545	26823	56699
慈溪	27295	18587	47182	27771	69808
顺德	26860	20055	42559	32125	63239
南海	25909	17114	40148	28263	60426
三水	20867	13451	28593	19121	55270
嘉定			40830	26545	87915
青浦	23773		40734		68269
莱州	16849	11024	36076	22300	59087
荣成	17856	9936	35164	21678	56037
滕州	12925		28576		47548
晋江	18166	14620	40035	25353	48592

第十八篇

附录篇

2015年江阴市统计工作要事

1月12日，江阴市统计局开展“慈善一日捐”活动，全局人员共筹集近万元捐款。

1月14日，江阴市统计局发文《江阴市统计局2014—2015年度党员干部冬训工作计划》（澄统发〔2015〕1号），文件从指导思想、教育重点、冬训范围、时间安排、工作要求等五个方面进行安排。

1月15日—16日，江阴市统计局和国家统计局江阴调查队联合开展“卖奶难”情况调查。

1月20日，江阴市统计局收到江阴市委办公室发来的感谢信，感谢信对市统计局办公室2014年度党政信息工作进行表彰和感谢。我局今年信息工作综合得分1200分，在87个部委办局中名列第九，荣获二等奖。

1日21日，江阴市统计局党组书记、局长陈泓率全局党员干部赴江阴市基层干部预防职务犯罪警示教育基地参观学习。大家集体观看廉政教育片，并在解说员的引领下，依次参观“决策篇”、“惩治篇”、“忏悔篇”、“犯罪心理篇”、“算账篇”、“廉吏篇”等警示教育展区。

1月26日，江阴市统计局召开工会换届选举大会，经过全体会员无记名投票选举，最终由查燕维、金海峰、薛宇锋、沈捷、黄云婷五名同志分别当选为新一届工会主席和委员，全体工会会员参加会议。

1月27日，江阴市统计局召开2014—2015年度党员干部冬训动员大会。局党组书记、局长陈泓传达市委十二届六次全会报告精神，并在会上以《以改革为动力、以创新增活力，为全面打造现代化服务型统计而奋斗》为题作专题报告，全局党员干部职工参加会议。

1月27日，江阴市统计局召开民主生活会和组织生活会，全体党员对大会进行述学、述职、述廉，并开展批评和自我批评。会后，与会党员干部填写党员群众评议表，并在此基础上进行优秀党员的民主推荐。会议由局支部书记、局长陈泓主持，全体党员干部参加会议。

1月29日，江阴市统计局举办贯彻学习党的十八届四中全会精神专题报告会，邀请江阴市委党校王锋老师为全局党员干部解读党的十八届四中全会精神。

1月30日，江阴市统计局和国家统计局江阴调查队联合发文《关于表扬2014年度统计工作先进科室和先进个人的通报》（澄统发〔2015〕2号），文件对2014年度“双争”活动中评选出的3个先进科室；9名优秀统计工作者以及10个单项先进进行通报表彰。

1月30日，江阴市统计局和国家统计局江阴调查队联合发文《关于2014年度优秀统计分析评比结果的通报》（澄统发〔2015〕3号），文件对评选出的6篇2014年度优秀统计分析进行通报表扬。

2月4日，江阴市统计局局长陈泓带领相关专业人员到高新区和云亭街道开展创新调查工作专项调研。

2月5日，江阴市统计局党支部副书记江兆成一行赴结对社区——澄江街道贯庄社区进行走访慰问，共商2015年结对共建计划。

2月9日，江阴市统计局党支部书记陈泓、副书记江兆成一行走访党建结对共建企业——江阴安凯特电化学设备有限公司。陈泓书记与企业党支部负责人进行了座谈，实地了解公司经营和党建工作相关情况。

2月9日，江阴市统计局党支部书记、局长陈泓带领局党员干部走访局结对帮扶村——月城镇黄桥村及该村的低保户，积极开展节前走访慰问送温暖活动，并为低保户困难家庭送上慰问金。

2月11日，江阴市统计局党支部副书记江兆成带领局工会和共青团代表开展走访慰问活动，走访对象为局结对的困难学生和困难退休职工家庭，为他们送上了慰问金和慰问品。

2月16日，江阴市统计局编辑出版《2014年江阴市国民经济主要指标汇编》。

2月16日，江阴市统计局在2015年春节前夕，为全体干部职工送上了新春祝福和廉政短信："八项规定铭记心，清正廉洁贵在行，两袖清风过佳节，举家欢聚庆团圆。江阴市统计局祝您羊年吉祥，阖家幸福。"

2月25日，江阴市统计局编制的《2014年江阴市经济发展排行榜》，在市委、市政府召开的2014年度表彰大会上作为主要会议材料印发，同时还在会场大厅制作12块展板进行展出，得到市领导和与会代表的认可。

2月25日，江阴市统计局在全市先进表彰大会上荣获"2014年度绩效考核优胜机关"荣誉称号。

2月开始，江阴市7个村（居）委会的月度劳动力调查采用先进的电子PDA设备新模式，直接采集调查对象信息，现场审核上传调查数据到"一套表"系统。

3月11日，无锡市统计局副局长周建平与工业能源处有关人员一行到江阴调研工业企业运行情况，实地走访高新区、周庄镇等乡镇和倪家巷集团、申澄集团等企业。江阴市统计局局长陈泓、国家统计局江阴调查队队长江兆成及经信委副主任薛德网等参加调研。

3月19日，江阴市统计局召开全局会议，邀请江阴市公安局网监大队大队长卢向东到本局进行信息安全等级保护和网络安全知识培训，全局同志以及局领导全程参加培训。

3月24日，江阴市统计局发文《关于印发〈2015年统计法制工作要点及工作计划〉的通知》（澄统发〔2015〕9号）。文件从统计法治宣传教育、加大执法保障力度、提高统计法治能力等三个方面进行部署。

3月24日，江阴市统计局发文《关于印发〈2015年江阴市统计宣传工作计划〉的通知》（澄统发〔2015〕10号），文件从统计法制宣传重点、“六五”普法迎检总结、结合统计重点工作提供宣传服务等九个方面部署统计宣传工作。

3月24日，江阴市统计局发文《关于印发〈2015年江阴市统计教育培训计划〉的通知》（澄统发〔2015〕11号），文件从工作目标、培训安排、相关要求等方面对统计教育培训进行部署。

3月25日，江阴市委常委、常务副市长孙小虎同志对我局撰写上报的统计分析《2014年我市农村富民进程统计监测情况简析》（统计分析第16期）作出重要批示：增加居民收入是政府一切工作的出发点和落脚点。我们要在居民的就业、创业、保障上下功夫、出实招，切实增加居民收入稳步增长。

3月26日，江阴市统计局发文《关于印发2015年江阴统计调查工作要点的通知》（澄统发〔2015〕12号），文件从把握重点，不断做优统计调查；紧跟形势，不断推进统计改革；面向需求，不断完善统计服务等八个方面明确2015年统计调查工作要点。

3月27日，江阴市统计局在江阴日报A3版全文发布《2014年江阴市国民经济和社会发展统计公报》，并同步登载在江阴统计信息网站上。

3月27日，江阴市统计局在江阴日报A4版全文发布《江阴市第三次全国经济普查主要数据公报》。

3月31日，江阴市召开全市统计调查工作暨“三经普”总结会议。市统计局局长陈泓在会上作题为《抓改革增动力 抓创新增活力 全面打造现代化服务型统计》报告，市委常委、常务副市长孙小虎出席会议并作重要讲话，会议由市政府副主任吴家湘主持，各镇（街）镇长（主任）、分管副镇长和统计站站长，开放园区分管领导、经发局局长和统计部门负责人，市级有关部门分管领导，市统计局中层以上干部，市经普办全体人员共计120余人参加会议。

4月8日，江阴市统计局与各科（室、站、队）主要负责人签订《2015年党风廉政和统计行风建设承诺书》。

4月10日，江阴市统计局服务业科科长倪秋萍作为江阴市优秀年轻干部双向挂职墩苗锻炼人选被江阴市委组织部派往江阴市临港经济开发区任经济发展局副局长。

4月13日，山东省齐河县统计局局长陈光利一行来我局交流小康建设统计监测工作。江阴市统计局局长陈泓介绍我市全面建设小康社会统计监测有关情况，双方就如何进一步开展小康监测工作进行深入探讨。

4月23日，武进区统计局局长吉晓阳率工业、服务业、投资、统计检查所等科室负责人共6人来我局交流统计工作，江阴市统计局局长陈泓及各对口科室负责人参加交流。

4月27日，无锡市统计局副局长邹海峰、法规处处长钱勤学等4人在江阴市统计局副局长陈华和璜土镇副镇长顾正飞、统计站站长夏建平等陪同下，对我市璜土镇开展统计行政指导。

4月27日，无锡市统计局副局长周建平与工业能源处有关人员来江阴市新桥镇调研工业企业运行情况，江阴市统计局局长陈泓、国家统计局江阴调查队队长江兆成及相关科室人员陪同调研。

4月份，江阴市综合抽样调查队副队长薛宇锋被调整到本局服务业科任主要负责人。

5月5—9日，江阴市统计局副局长季克军率金海峰、郭铭辉、龚学东等3位业务人员到四川省统计局普查中心、广州哈图信息科技公司学习、考察经济地理信息系统。

5月11—13日，中央党校第38期中青年干部培训一班调研组来澄就提高企业创新能力的难点与对策开展调研。无锡市委常委、江阴市委书记周铁根，江阴市市长沈建先后会见调研组成员，江阴市委常委、常务副市长孙小虎及统计局局长陈泓等全程陪同调研。国家统计局新闻发言人、综合司司长盛来运为调研组成员之一。江阴市统计局派员全程参与接待工作和调研材料准备等工作。

5月12—13日，江阴市统计局作为住户调查基础工作示范点代表之一，在常州市召开的江苏省住户调查示范点建设观摩交流大会上作题为《从细从严 求真务实》的交流发言。

5月14日，江阴市统计局为响应全市“5•10思廉日”党风廉政教育主题活动，以“个人思廉，家庭助廉”为主题，一是向全局人员发送一条廉政短信，做清正统计人。通过企信通平台向全局36名党员干部发送廉政短信，“5月10日勤思廉，党纪政规常记心，业务廉政两手抓，拒腐清廉葆本色。”二是向全局家庭发放一份《家庭助廉倡议书》，树廉政好家风。

5月14日，宜兴市统计局局长范燕慧、局党组书记汤卫平、副局长蒋备军、丁红霞等6人来澄交流统计工作，主要交流统计局、国调队的内部机构建设、人员编制、科室职能及基层基础建设情况以及1%人口抽样调查工作准备情况。江阴市统计局局长陈泓、国调队队长江兆成、副局长季克军及相关人员参加交流。

5月31日，江阴市统计局发文《关于做好2015年统计从业资格考试等相关工作的通知》（澄统发〔2015〕27号），文件从考试科目和时间、报考条件、报名时间、报名方式、报名确认和审核、考试推荐用书的征订、准考证打印、成绩查询、证书领取、法律责任等方面进行明确安排。

5月份开始，江阴市统计局各专业对全市各镇（街道）、开发区的联网直报企业开展统计行政指导工作。

5月份开始，江阴市统计局邀请无锡市基础信息安全测评认证中心人员对我局的信息安全等级评估测评。主要步骤包括：系统检测、出评估报告、整改、验收等工作。

5月，经过无锡市经普办和无锡市统计局联合组织和集中评审，江阴市经普成果开发研究工作取得重要成果。课题报告方面，由我市经普办课题组撰写的《江阴经济转型升级历史路径的探索与实践》获无锡区县组一等奖；分析报告方面，我市分别获得1个一等奖、3个二等奖和2个三等奖。

5月，江阴市统计局为确保网络环境和数据资源安全，保障统计联网直报系统稳定运行，对全市澄江街道、高新区、华士镇等7个乡镇（街道）和交通局、园林旅游局、广电集团等7个部门共增设14个内网专线。

6月2日，江阴市统计局工会获江阴市机关党工委发文表彰“市级机关2012—2014年度基层工会工作先进集体”，江兆成同志被评为“市级机关2012—2014年度基层工会优秀工会工作者”。

6月2日—4日，江阴市统计局连续三天，在《江阴日报》头版头条刊登《2015年江阴市统计从业资格考试公告》，并在“江阴市统计局信息网”公告栏对统计从业资格考试的报名时间、报名方式等考试信息进行详细说明。同时在全市范围内发文《关于做好2015年统计从业资格考试等相关工作的通知》对统计从业资格考试工作进行动员，争取社会各界的支持和配合。

6月4日、9日，江阴市统计局、国家统计局江阴调查队联合组成调研组，分别到澄江街道和临港街道对10家小微企业就营业税、增值税、企业所得税和印花税等方面的减免政策展开调研。

6月15日，江阴市统计局在全国“低碳日”利用手机短信；在公告栏张贴节能宣传画报；组织学习相关节能文件；编发绿色办公“微”指南等多种形式宣传节能低碳理念，号召全体干部职工以实际行动支持节能活动。

6月15日，在“七一”建党节前夕，江阴市统计局积极参加机关党工委组织的党史知识竞赛，局班子成员带头参加竞赛，全局在职党员共计26人均参与本次答卷。

6月15日，江阴市统计局发文《关于做好新一轮月度劳动力调查工作的通知》（澄统发〔2015〕28号），文件从改革完善劳动力调查的重要性和紧迫性；劳动力调查的工作组织方式；扎实细致地做好各项工作；加强劳动力调查的组织实施等方面进行布置。

6月15日—24日，江阴市统计局受江阴市文广新局委托，完成300份文化馆工作群众满意度调查工作。

6月17日，江阴市统计局在“环境月”和“节能宣传周”活动期间，编印《江阴市统计局绿色办公“微”指南》，发到局各科（室、站、队），鼓励、引导全局干部职工树立节能环保办公理念。

6月25日，无锡市统计局局长吴红星、工业处处长殷明正、法规处副处长钱勤学等5人对我市长泾镇统计基础建设工作开展行政指导。

6月30日，在建党94周年到来之际，江阴市统计局党组书记、局长陈泓以《学习党章、贯彻党章，全力做好新形势下统计工作》为主题，为全局党员干部上“七一”专题党课，并观看专题教育片《与时俱进话党章》。

6月30日，江阴市统计局精心制作“微型党课”PPT课件，由局党务工作者为全局党员干部上了一堂简短生动的“微”党课。“微型党课”以《走近最美统计人，传递最真“微“力量》为题，介绍周庄镇统计站站长刘敏芳先进事迹。

7月2日，根据中共江阴市委发文《关于严会东等同志任职的通知》（澄委组〔2015〕215号），倪秋萍同志任市统计局党组成员。

7月21日，江阴市统计局新领导班子举行第一次会议，对领导班子成员职责进行重新分工。会上，党组书记、局长陈泓对班子新进成员表示热烈祝贺，对老班子工作进行回顾总结，对新班子下一步工作提出四点要求：一要团结和谐，众人一心干事业；二要忠心履职，高效务实干事业；三要振奋精神，满腔热情干事业；四要善学善思，比高攀优干事业。

7月21日，江阴市统计局发文《关于调整江阴市统计局领导分工的通知》（澄统发[2015]30号），文件对新的领导班子成员调整分工。

7月23日，江阴市人大副主任黄耀清等4人到市统计局开展专题调研。市统计局局长陈泓从今年上半年国民经济运行总体情况、“双过半”目标任务完成情况及周边形势、经济运行主要特征与问题、趋势判断及相关建议等四个方面进行详细汇报。

7月23日，江阴市统计局发文《关于认真做好基本单位名录库法人单位临时码清理工作的通知》（澄统发〔2015〕31号），文件对清理范围、清理原则、时间安排、工作要求等进行明确。

7月28日，江阴市统计局发文《关于开展江阴市2015年度富民进程监测调查样本轮换工作的通知》（澄统发〔2015〕34号），文件对轮换范围、轮换步骤和方法、轮换工作时间安排、基层调查人员选定、其他事项等进行明确。

7月29日，江阴市人民政府发文《市政府关于包煜同志职务任免的通知》（澄政干〔2015〕15号），倪秋萍同志任江阴市统计局副局长（试用期一年）；陈华同志任市物价局副局长，免去市统计局副局长职务。

7月30日，无锡市统计局副局长邹海峰等4人来澄就市级重大项目进展情况开展调研。邹局长听取了江苏长电科技股份有限公司相关项目汇报，对江阴固定资产投资工作表示满意，并对市级重大项目进展跟踪服务方法进行现场指导。

7月下旬，江阴市统计局开始对全市富民监测点进行换点工作，共抽取45个点，抽选辅调员60名。

7月底，江阴市统计局委托江阴市领悟信息技术有限公司开发的“江阴市1%人口抽样调查网”正式开通，目前，共开通“通知公告”、“工作动态”、“调查信息”等七个栏目。

8月4日，无锡调查队纪检组长陆伟明等 4 人来澄到海澜集团有限公司调研制造业转型升级情况，江阴调查队队长江兆成等陪同调研。

8月11日，江阴市统计局发文《关于印发〈2015年党风廉政建设责任制分工〉的通知》（澄统发〔2015〕35号），文件对党组、党组书记、党组其他人员根据工作分工，对职责范围内的党风廉政建设所承担的主要责任和具体责任进行明确规定。

8月12日，江阴市统计局发文《关于转发〈无锡市统计局关于做好北信源安全客户端安装工作的通知〉的通知》（澄统发〔2015〕36号），文件对安装该系统时间作了安排。

8月12—13日，江苏调查总队生产投资价格调查处副处长苏中平和无锡调查队副队长沈旦等5人来澄对江阴澄星实业集团有限公司和江苏海陆科技股份有限公司开展统计执法检查，江阴调查队队长江兆成等陪同。

8月14日，江阴市统计局组织青年党员、入党积极分子观看党史教育影片《没有共产党，就没有新中国》。

8月20日，无锡市统计局工业和能源处处长殷明正率领指导组一行3人到我市开展统计行政指导，指导组实地走访位于临港经济开发区的5家企业，市统计局副局长倪秋萍及相关人员陪同指导。

8月27—28日，江阴市统计局分别对临港开发区和祝塘镇开展统计执法检查。着重检查113家联网直报企业，共涉及规模以上工业企业66家，资质以上房地产、建筑业企业10家，限额以上贸易企业27家，重点服务业企业10家，抽查总量占到两镇（开发区）全部直报企业总数的26%。

8月31日，江阴市统计局发文《江阴市统计局关于开展基本单位名录库日常核查工作的通知》（澄统发〔2015〕37号），文件对核查目的、核查对象和内容、核查方式、核查组织实施等内容进行明确。

9月2日，江阴市统计局局长陈泓率局全体班子成员及中层以上人员赴临港经济开发区调研。主要了解实现区镇一体化管理后临港经济开发区和璜土镇之间统计工作的职责分工和范围划分；加强市局各专业的工作对接和联系；镇、村代码如何重新设定，年底如何考核相关统计指标等成为需要思考和亟待解决的问题。

9月11日，无锡市统计局副调研员陈志强率信息处处长陈义明等4位同志对江阴市统计局统计信息化建设工作进行调研。

9月11日，江阴市统计局开通微信公众平台，公众可通过搜索“江阴统计”或登录江阴统计信息网扫描二维码关注。

9月14—15日，江苏省统计局政策法规处处长刘兆恒等6人在无锡市统计局副局长邹海峰等人陪同下，到江阴开展统计执法检查工作。

9月16日，江苏省统计局无锡调查局局长张涛一行，到江阴市长泾镇河塘社区对富民进程统计监测调查工作进行调研，并对调查点记账户进行慰问。

9月17日，江苏省地方统计调查局住户调查处处长张桂香等3人，来江阴市调研现代农业发展对农民增收因素的影响。调研工作采取座谈交流、实地调查、问卷调查三种形式。

9月20日，江阴市2015年全国统计从业资格考试在江阴市第二中学举行，全市共有263人参加本次考试。江阴市局与江阴市第二中学密切配合，成立了以局长陈泓、校长葛淦云担任主考，副局长季克军担任副主考，局部分工作人员及二中部分老师为组员的考务小组。

9月22日，《江阴统计年鉴—2015》正式出版发行。该年鉴通过大量统计数据，客观反映江阴市2014年经济社会发展状况。

9月22日，无锡市统计局投资处处长薛国栋等3人来澄对我市统计工作开展行政指导。并实地走访澄江街道、临港经济开发区的相关企业，认真查阅相关数据台账、统计人员持证等统计基层基础建设情况，并现场解答企业统计人员遇到的问题。

9月23日，江阴市统计局对15个镇（街道）人调办业务骨干、61个抽中村（居）普查指导员、普查员近170人进行专题业务培训。

9月23—25日，江阴市1%人口抽样调查试点工作在澄江街道北大街社区第026调查小区和立新社区第017调查小区进行，市人调办全体业务人员、镇（街道）和抽中村（居）调查指导员、调查员参加本次试点。

9月29日，江阴市2015年1%人口抽样调查工作协调小组与市委宣传部联合下发《江阴市2015年1%人口抽样调查宣传工作方案》。《方案》明确宣传工作目的意义和作用、标准时点、范围内容、法律法规、保密要求等内容。

9月29日，无锡市统计局贸易处处长钱懿娟等3人在江阴市统计局分管局长陪同下对我市批发零售、住宿餐饮企业进行统计行政指导。指导组对周庄镇江苏三房巷集团国际贸易有限公司、江阴周庄金属合约交易中心有限公司和澄江街道江阴国际大酒店有限公司进行现场查看和指导。

9月29日，无锡市统计局人口和社会统计处领导来江阴市周庄镇开展劳动工资统计行政指导。

9月29日，江苏省统计局固定资产投资处处长孙建祥一行来我市就当前固定资产投资运行情况进行调研座谈，无锡市统计局副局长邹海峰、投资处处长薛国栋以及市发改委、经信委、教育局、住建局、交通运输局、水利农机局、商务局等相关科室负责人参与座谈。

9月29日，《江阴日报》在头版刊登“1%人口抽样调查即将全面展开”新闻短信；并在江阴电视台黄金时段滚动播放宣传标语。

9月29日，《江阴日报》A 04版刊登“关于开展江阴市2015年全国 1 %人口抽样调查的公告”

9月30日，江阴电视台《江阴新闻》、江阴电台《江广新闻》播放市统计局副局长季克军关于人口抽样调查工作专访。

9月30日，江阴市统计局党组书记、局长陈泓为全局干部职工上 “三严三实”专题党课，并进行节前安全、廉政教育。

9月30日，江阴市统计局部分同志到土地山革命烈士陵园，参加烈士纪念日公祭仪式。

9月，根据苏统〔2015〕55号文件精神，经过前期宣传发动、市县推荐、在线投票、公示等环节，江苏省统计局公布全省“服务型统计建设最佳团队”和“最美统计人”获奖名单。我市周庄镇统计站被授予“服务型统计建设最佳团队”称号，云亭街道统计站蒋敏娟被授予“最美统计人”称号。

10月8日，无锡市统计局副局长周建平、人口和社会统计处副处长肖群在江阴市统计局局长陈泓陪同下，到我市高新区就建立苏南自主创新示范区统计监测指标体系开展专题调研。

10月8日—10日，江阴市统计局连续三天在《江阴日报》头版刊登了“2015年江阴市统计人员参加继续教育公告”，并在江阴市统计局内、外网“通知公告”栏对相关文件通知进行加载。

10月9日，《江阴日报》A3版以《用微笑支持人口调查，用行动参与人口调查》为题，图文并茂对1%人口抽样调查的对象、内容、时点、调查流程、目的和意义等作专版介绍。

10月14日，无锡市调查队副队长张晓东、价格调查处处长刘红等一行4人在江阴调查队队长江兆成陪同下，到江阴市高新技术创业园调研创业园区发展情况。

10月16—25日，市人调办分2组对全市15个镇（街道）61个调查小区摸底工作完成情况进行全面督查。

10月17日起，江阴电视台新闻频道和民生频道在黄金时段播出1%人口抽样调查15秒宣传短片，营造全市积极参与调查的浓厚氛围。

10月20日，江阴市统计局发文《关于调整2015年度依法行政工作领导小组及办公室成员的通知》（澄统发〔2015〕44号），调整为领导小组组长：陈泓；副组长：江兆成、季克军、倪秋萍、符国华；办公室主任：季克军（兼）；办公室副主任：查燕维；成员：金海峰、江承鑫、黄玉虎、薛宇锋、龚学东、谢红伟、何敏

10月20日，无锡市统计局副局长周建平、工业处处长殷明正、法规处副处长钱勤学等对我市临港开发区的统计基础建设工作开展行政指导，江阴市统计局副局长季克军陪同指导。

10月22日，江阴市统计局发文《关于认真做好2015年年度调查单位增减变动审核确认工作的通知》（澄统发〔2015〕45号），文件从时间安排、申报标准、审核范围及申报时间、上报方式和职责、工作要求等方面进行明确。

10月22日，江阴市统计局发文《江阴市统计局2015年依法行政工作报告》（澄统发〔2015〕52号）。

10月26日，江阴市统计局依法行政工作考核组一行6人对我局2015年依法行政工作进行评议考核。

10月28日，江阴市统计局发文《关于调整全市统计行风建设领导小组成员的通知》（澄统发〔2015〕47号）。调整后的领导小组组长为陈泓；副组长为江兆成、季克军、倪秋萍、符国华；成员为各部门主要负责人。

10月28日，《江阴日报》A 04版刊登“人口问题关系国计民生　人口调查需要您的支持——致 1 %人口抽样调查住户的一封信”。

10月28日，江阴市统计局承建的江阴市经济地理信息系统开发和数据整合项目完成招标工作，国内知名GIS厂商北京超图软件股份有限公司中标，双方签订相关合同书，该项目建设工期为一年。

10月份，农业现代化监测结果显示，2014年我市农业基本现代化综合得分为86.93

分，高于全省8.83分，高于无锡1.85分。在全省参与监测的67个市（县、区）中位列第一区间第三名，排名较2013年上升一个位次。

11月5日，江苏省人口抽样调查领导小组办公室第五督查组马永春副处长一行来澄，对我市1%人口抽样调查登记工作进行督查指导，督查组在澄江街道北大街社区召开座谈会，无锡市人调办相关人员陪同督查。

11月18日—20日，江阴市统计局全体党员干部到澄江街道贯庄社区开展文明志愿活动，充分发挥机关党员干部先锋模范作用，力争在全市文明活动中走前头、作表率。

11月20日，江阴市统计局如期完成1%人口抽样调查编码工作，全市涉及9217个抽样调查人口。

11月23日—24日，江阴市统计局分片召开统计站主任例会，会议由市统计局局长陈泓主持，各镇（街道）、开发区统计站主任（科长），市局各科室主要负责人、局领导班子成员参加会议。

11月29日—12月4日，江阴市统计局30余名干部职工，作为文明交通志愿者，头戴小红帽，手持小红旗，来到环城南路中山路口开展文明劝导活动。

12月2日，江苏省统计局处长李卫明、无锡市统计局副局长周建平及相关人员对江苏法尔胜泓昇集团有限公司、江苏新潮科技集团有限公司的科研经费使用情况进行调研。

12月4日，江阴市统计局在《江阴日报》A3刊出专版，面向社会大众宣传统计法制工作。专版发表题为《坚持依法治统 服务科学发展》的文章；重点介绍2016年即将启动的第三次全国农业普查工作；针对统计“四大工程”、统计调查对象行为责任、《江苏省统计条例》等相关法制知识进行认真的诠释和解读。同时，还设置“统计最佳团队和先进个人风采”栏目。

12月17日，省统计局巡视员伍祥率全省各市、县（区）统计局主要负责人、分管领导等150人，到江阴市周庄镇统计站参观指导规范化建设。

12月20日，2015第十届中国全面小康论坛在北京举行，江阴市荣获“2015中国全面小康十大示范县市”第一名，实现“八连冠”。

12月25日止，江阴市统计局对全市所有统计持证人员开展2015年统计继续教育培训工作。全市共有3773名统计持证人员参加网上继续教育培训，完成无锡市下达任务的143%。

12月31日，江阴市统计局编辑出版《江阴经济普查年鉴–2013》，年鉴涵盖工业、建筑业、批发零售业、住宿餐饮业、房地产业、其他服务业、行政事业和社会团体等行业。

江阴市统计局1994－2015年度考核“优秀”人员一览表

年份＼序号	1	2	3	4	5	6	7
1994	符国华	查燕维					
1995	符国华	查燕维	方　玮	邢长钤			
1996	符国华	方　玮	邵丽娟	邢长钤			
1997	方　玮	邵丽娟	邢长钤				
1998	邵丽娟	江兆成	邢长钤				
1999	邵丽娟	江兆成	倪秋萍	王　军			
2000	江兆成	倪秋萍	王　军	陈　华			
2001	倪秋萍	陈　华	龚学东	邢长钤	陈　泓		
2002	李爱华	陈　华	龚学东	谢红伟	邢长钤		
2003	李爱华	龚学东	谢红伟	陈　泓			
2004	李爱华	张岭乔	谢红伟	邢长钤	陈　泓		
2005	张岭乔	陆　俭	郭铭辉	陈　泓			
2006	符国华	查燕维	郭铭辉	金海峰			
2007	方　玮	倪秋萍	刘　潇	金　森	陈　华		
2008	查燕维	方　玮	谢红伟	金海峰	江兆成		
2009	倪秋萍	季克军	金海峰	金　森			
2010	查燕维	季克军	谢红伟	金海峰	江兆成		
2011	查燕维	江承鑫	谢红伟	金　森	陈　华		
2012	查燕维	倪秋萍	金　森	薛宇锋	江兆成		
2013	查燕维	倪秋萍	江承鑫	谢红伟	金海峰		
2014	江承鑫	谭鹏成	黄云婷	何　敏	程　旦	姜倬雅	
2015	江承鑫	谭鹏成	周　晓	何　敏	程　旦	姜倬雅	陈　泓

中国统计出版社最新图书简目

(仅供参考，以实际出版为准)

统计资料

中国统计年鉴　中国统计摘要　中国发展报告

中国经济普查年鉴2013　国际统计年鉴　金砖国家联合统计手册

中国-东盟国家统计手册　中国农村统计年鉴　中国县域统计年鉴

中国城市统计年鉴　中国对外直接投资统计公报　中国地区经济监测报告

中国贸易外经统计年鉴　中国零售和餐饮连锁企业统计年鉴　中国商品交易市场统计年鉴

大中型批发零售和住宿餐饮企业统计年鉴　中国农产品价格调查年鉴　中国住户调查年鉴

中国价格统计年鉴　中国能源统计年鉴　全国农产品成本收益资料汇编

中国环境统计年鉴　中国建筑业统计年鉴　国外资源、能源和环境统计资料汇编

中国工业统计年鉴　中国城乡建设统计年鉴　中国房地产统计年鉴

中国城市建设统计年鉴　中国科技统计年鉴　中国第三产业统计年鉴

中国证券期货统计年鉴　中国劳动统计年鉴　中国高技术产业统计年鉴

工业企业科技活动资料　中国社会统计年鉴　中国人口和就业统计年鉴

中国人才资源统计报告　中国教育经费统计年鉴　中国文化及相关产业统计年鉴

文化及相关产业统计概览　中国民政统计年鉴　中国民族统计年鉴

中国残疾人事业统计年鉴　中国妇女儿童状况统计资料（英）　中国乡镇街道行政区域简册

中国基本单位统计年鉴

省级综合统计年鉴系列

北京 天津 河北 山西 内蒙古 辽宁 吉林 黑龙江 上海 江苏 浙江 安徽 福建 江西 山东 河南 湖北 湖南 广东 广西 海南 重庆 四川 贵州 云南 西藏 陕西 甘肃 青海 宁夏 新疆 新疆生产建设兵团

市(县)级综合统计年鉴系列

天津滨海新区 石家庄 唐山 邯郸 保定 沧州 邢台 廊坊 承德 衡水 秦皇岛 张家口 太原 大同 阳泉 长治 晋城 朔州 晋中 运城 忻州 临汾 呼和浩特 呼和浩特新城区 鄂尔多斯 包头 沈阳 大连 长春 延吉 四平 通化 哈尔滨 齐齐哈尔 黑龙江垦区 上海浦东新区 南京 无锡 徐州 常州 苏州 南通 连云港 淮安 盐城 扬州 镇江 泰州 宿迁 江阴 丹阳 杭州 宁波 温州 嘉兴 湖州 绍兴 金华 衢州 舟山 台州 丽水 合肥 安庆 马鞍山 福州 厦门 宁德 漳州 南昌 九江 上饶 新余 抚州 萍乡 赣州 吉安 景德镇 济南 青岛 潍坊 枣庄 日照 滕州 郑州 洛阳 平顶山 三门峡 商丘 信阳 济源 武汉 十堰 荆州 宜昌 荆门 咸宁 长沙 广州 深圳 惠州 东莞 南宁 柳州 桂林 来宾 海口 三亚 成都 贵阳 昆明 西安 安康 兰州 庆阳 银川 乌鲁木齐 兵团一师 兵团十师

调查年鉴系列

天津 山西 内蒙古 辽宁 吉林 上海 福建 江西 河南 湖北 湖南 广西 重庆 四川 云南 甘肃 宁夏 新疆

统计方法应用/实用手册

实用SAS统计分析教程　马克威统计分析与数据挖掘应用案例

乡镇统计人员岗位知识培训系列教材：辅助调查员岗位基础知识　乡镇统计人员岗位基础知识

县级统计人员岗位知识培训系列教材：Excel在统计工作中的应用　简明统计分析

EXCEL在基层统计工作中的应用　统计公文知识问答

统计通俗读物/统计科普图书

漫话诺贝尔经济学大师与数学情缘　魅力统计　漫话信息时代的统计学　统计使人更聪明

漫游数据王国　探访随机世界　新中国统计工作历史流变1949-1999　无处不在的统计

重点图书

新编英汉汉英统计大词典　中华医学统计百科全书

挑大学选专业2016—考研择校指南　挑大学选专业2016—高考志愿填报指南

中国统计出版社发行部电话：（010）63376907　63376908　同楫行书店电话：68783171　68783172

地址：北京市丰台区西三环南路甲6号　邮政编码：100073　网址：http://www.zgtjcbs.com